D1749343

Andreas Resch (Hg.)

Mächtig dröhnt der Hämmer Klang

Sensenindustrie und regionale Entwicklung

in Scharnstein

Andreas Resch (Hg.)

Mit Beiträgen von Klaus Hirtner, Ursula Pleschko, Andrea Pühringer, Andreas Resch, Thomas Resch, Barbara Steinhäusler und Josef Steinhäusler

Mächtig dröhnt der Hämmer Klang

Sensenindustrie und regionale Entwicklung in Scharnstein

Universitätsverlag Rudolf Trauner

Linzer Schriften zur Sozial- und Wirtschaftsgeschichte
Herausgegeben von Gustav Otruba und Roman Sandgruber

Dieses Buch wurde gefördert von:
Institut für Wissenschaft und Kunst OÖ.
OÖ. Gesellschaft für Kulturpolitik
Gemeinde Scharnstein

© 1991 by the publisher
Medieninhaber: Institut für Sozial- und Wirtschaftsgeschichte
ISBN 3 85320 535 6
Herstellung: Trauner Druck, Linz

INHALT

Zu diesem Buch		7
Andrea Pühringer	**Die Scharnsteiner Sensenwerke von ihren Anfängen bis 1870**	9
Josef Steinhäusler	**Der Aufbau der Firma Redtenbacher in Scharnstein (1875-1910)**	29
Andreas Resch	**Der große österreichweite Sensenarbeiterstreik im Jahre 1908**	39
Andreas Resch	**Firmengeschichte vom Ersten Weltkrieg bis 1938**	57
Ursula Pleschko Barbara Steinhäusler	**Alltag und Frauenarbeit** "Sie haben keine Hosen an und stellen doch ihre Frau"	67
Thomas Resch	**Kulturelles und politisches Leben** Arbeiterkultur, Vereine, politische Parteien, Festkultur	77
Andreas Resch	**Firmengeschichte 1938 - 1987**	89
Klaus Hirtner	**Die Sense im Korn** Auf der Suche nach einer verlorenen Kulturgeschichte	97
Phototeil:	(erstellt von Andreas Resch, gestaltet von Gernot Polland)	103
	I. Scharnstein vor der Industrialisierung der Sensenerzeugung	103

II. Aufbau und Wandlungen des Sensenwerkes Redtenbacher 105
III. Innerbetriebliche Organisation 109

Werdegang einer Sense
(Tech. Beratung: Ing. Hermann Exenberger) 109
Innerbetriebliche Hierarchie 126
Arbeitsbereiche abseits der Schmieden 129

IV. Firmenexpansion und infrastrukturelle Entwicklung des Ortes 131

V. "Alltagsleben" 134

VI. Soziales und kulturelles Leben 141

VII. Scharnstein und die "große Politik" 150

Photoverzeichnis 155

Autoren 158

Zu diesem Buch

Bereits im 16. Jahrhundert wurden in Scharnstein vom Freiherrn Helmhardt Jörger die ersten Sensenschmieden gegründet. Als sich gegen Ende des 19. Jahrhunderts die von überkommenen Zunftstrukturen geprägte Wirtschaftsweise nicht mehr behaupten konnte, gehörte Scharnstein zu den Zentren des Prozesses der Modernisierung und Konzentration in der Sensenindustrie.

Die Firma Redtenbacher konnte bei der Gründung des Scharnsteiner Sensenwerkes auf einen Grundstock qualifizierter Sensenschmiede und ein ausreichendes Energieangebot durch die Alm zurückgreifen, und der Betrieb entwickelte sich rasch zum größten seiner Art in der österreichisch-ungarischen Monarchie.

Viele Jahrzehnte lang prägte die Sensenindustrie das ökonomische und kulturelle Gefüge des Ortes und wurde damit zum zentralen Faktor regionaler Identität.

Sieben, großteils aus Scharnstein stammende Historiographinnen und Historiographen sind nach der Einstellung der Scharnsteiner Sensenerzeugung im Jahre 1987 darangegangen, sowohl die Arbeitswelt und die ökonomischen als auch die alltäglichen Lebensbedingungen und das politisch-kulturelle Regionalgefüge zu untersuchen.

Gemäß aktuellen sozialhistorischen und ethnohistorischen Zugangsweisen wurde dabei besonderes Gewicht darauf gelegt, die betroffenen Scharnsteiner selbst zu Wort kommen zu lassen.

So vermittelt die Sammlung der Beiträge ein buntes, vielschichtiges Bild eines regionalen Industrialisierungs- und Entwicklungsprozesses.

Danksagung

Es sei allen herzlich gedankt, die mit Photos, schriftlichen Dokumenten oder mündlichen Auskünften zum Entstehen dieses Buches beigetragen haben.

Weiters danken möchten wir Herrn Dr. Helmut Lackner für das Lektorat, sowie Elke und Mag. Gernot Polland für die Gestaltung dieses Buches.

Die Autoren.

Andrea Pühringer

Die Scharnsteiner Sensenwerke von ihren Anfängen bis 1870

Die wirtschaftliche Bedeutung der Sensenwerkstätten blieb für Scharnstein bis zum Ende des 19. Jahrhunderts relativ gering. Der Anteil der damals sogenannten "Sensschmiedknechte" an der Bevölkerung war unbedeutend. Der überwiegende Teil der Bevölkerung lebte bis ins 19. Jahrhundert von der Landwirtschaft. Neben einigen Besitzern größerer Bauerngüter handelte es sich dabei vor allem um Kleinhäusler und Inhaber von Sölden. Nach den Angaben des Franziszeischen Katasters von 1830 lag der Anteil der Beschäftigten in der Landwirtschaft bei 44%. 18 % waren in der Landwirtschaft und im Gewerbe tätig. Dies betraf großteils Kleinhäusler, die von ihrem Gewerbe nicht leben konnten und die Landwirtschaft zur Subsistenzsicherung benötigten. Mehr als die Hälfte der Bevölkerung (62%) lebte demnach in der ersten Hälfte des 19. Jahrhunderts vorwiegend von Ackerbau und Viehzucht. Im Vergleich dazu waren nur 17% der Beschäftigten ausschließlich im Gewerbe tätig. Diese Beobachtung bestätigt sich durch die Angaben der Grundbesitzgrößen. 67% der Häuser, Sölden oder Kleinhäuser scheinen ohne zugehöriges Grundstück auf, 32% hingegen waren die Ganz-, Halb- oder Viertelbauern (ab ca. 10 Joch Grund). [1]

Aus den Besitzverhältnissen läßt sich daher ableiten, daß die Mehrzahl der Bevölkerung den bäuerlichen Unterschichten, das heißt den Kleinhäuslern und Nebenerwerblern zuzurechnen ist.

Die erste Berufsaufgliederung für Scharnstein findet sich in den Theresianischen Fassionen von 1750. Diese ist auch deshalb von Interesse, da hier die Nebengewerbe aufgezeichnet wurden, die in späteren Katastern keine Erwähnung mehr finden:

1 Binder	1 Hufschmied
2 Sägemeister/Müller	5 Taglöhner
1 Bräumeister	2 Jäger
1 Saliter	2 Tischler
11 Flößer	1 Lederer
1 Schlosser	1 Wasserknecht
1 Förster	2 Maurer
6 Schneider	8 Weber
1 Hackenschmied	5 Müller
7 Schuster	3 Wirte
1 Hefentrager	2 Rockenmacher
2 Sensenschmiede	1 Wirt/Müller
6 Holzknechte	5 Sägemeister
6 Sensknechte	2 Zimmermänner [2]

Achtzig Jahre später, im Franziszeischen Kataster finden sich bereits 140 Gewerbetreibende mit 143 Beschäftigten. Davon waren allerdings fünf Sensenschmiede mit insgesamt 100 Arbeitern. Aus den Berichten der Senseninnung läßt sich jedoch ersehen, daß diese Zahl zu hoch gegriffen ist. Denn dies würde bedeuten, daß um 1830 jede Werkstätte zwanzig Beschäftigte aufwies, was sicherlich nicht der Fall war. Allerdings waren die Sensenschmieden die einzigen größeren Betriebe. Andere Gewerbetreibende beschäftigten höchstens ein bis drei Beschäftigte, während hingegen ein Sensenschmied zehn bis fünfzehn Sensenschmiedknechten Arbeit bot. Für diese Zeit und für Scharnstein konnten die Sensenschmieden als "gewerbliche Großbetriebe" gelten. [3]

Die LANDWIRTSCHAFT hingegen war, wenn auch lange Zeit vorherrschend, nicht besonders ertragreich. Dies läßt sich einerseits aus den grundherrschaftlichen Abgaben und andererseits aus den Beschreibungen in den Katastern ersehen:

"Die Producte des Ackerlands gehören unter die mittle Qualität, der Hafer und Erdäpfl eben so auch der Klee sind gut, und stehen hier der vielen Gewerbsleuthe wegen in guten Anwerthe. Das Wiesenfutter ist durchgehens gut, nur die sauere Gattung gehört unters Mittl, weil der Grund ja auch die Qualität mindert. (...) Die Gemüsearten jedoch sind schlecht." [4]

Es ist daher verständlich, daß sich schon im 16. und 17. Jahrhundert vor allem Kleinhäusler und Keuschler um einen Nebenerwerb umsehen mußten. Neben der hohen Zahl der für den lokalen Bedarf Produzierenden, wie Schuster, Schneider oder Weber, fällt der große Anteil der mit Holzarbeiten Beschäftigten auf. Hier sind in erster Linie Sägemeister, Flößer, Holzknechte und Köhler zu nennen. Benedikt Pillwein erwähnte 1828 drei Floßmeister, zwei Holzwarenarbeiter (Schnegerer), zwei Holzwarenhändler, 16 Köhler, 32 Sägemeister, einen Pippenmacher und zwei Spinnrädermacher.[5] Ergänzend zu den für die nebenerwerbliche Hausindustrie typischen Holzwarenarbeitern sind vor allem die Sägemeister und Köhler erwähnenswert. Scharnstein war aufgrund seiner ausgedehnten Forste eine sogenannte Waldherrschaft. Die größten Verdienstquellen lagen im Holzhandel, von dem neben dem Grundherrn auch die Sägemeister und Holzhändler profitierten. Der damalige Besitzer der Herrschaft Scharnstein, das Stift Kremsmünster, erzielte um 1800 einen Reinerlös von ca. 12.000 Gulden pro Jahr aus den Holzverkäufen. [6] Über die Verdienste der Holzhändler und Sägemeister berichtet der Franziszeische Kataster:

"Mit Ausnahme des häufig überschössigen und dennoch in guten Anwerthe stehenden Holzes erübriget hier bloß etwas Hafer sonst kein Produkt zum Verkaufe, und dieser findet an den zu Viechtwang und Grünau angesiedelten Sensen- und Sägemeistern hinreichend Absatz. Das Holz wird in großer Ausdehnung an die nächst gelegenen Holzhändler und Sägenmeister in Blochen abgesetzt, gut bezahlt, und von letzteren auf dem Almflusse theils als Kohlen oder Bretter und Latten noch unterwäßrich verfährt. Alle übrigen Produkte mit Ausnahme des hinreichenden Wiesenfutter sind kaum für den eigenen Hausbedarf deckend, und muß für minder bestiftete

Unterthanen der Bedarf durch Ankauf aus den Landgemeinden hergeholt werden." [7]

Holzhändler und Sägemeister waren eine privilegierte Schicht im Vergleich zu den Kleinbauern, die sich teilweise nicht einmal selbst ernähren konnten. Auffallend ist weiters die hohe Zahl der Köhler. Diese lieferten einerseits die Kohle, die für die Sensenproduktion notwendig war, und andererseits verkohlten sie das Holz der Forstholden, denn letztere besaßen zwar Holzbezugsrechte in den Herrschaftswäldern, sie hatten jedoch nicht die Befugnis der Holzverkohlung.
Besonders Köhler und Flößer verloren in der zweiten Hälfte des 19. Jahrhunderts rasch an Bedeutung. Durch die Eisenbahn und die Verwendung mineralischer Kohle eröffneten sich billigere Möglichkeiten für Transport und Energiegewinnung.

Zusammenfassend läßt sich feststellen, daß die Gemeinde bis ins 19. Jahrhundert zum Großteil aus bäuerlichen Unterschichten und Kleinbauern bestand. Die einzelnen Katastralgemeinden wiesen allerdings lokale Unterschiede auf. Dorf zum Beispiel besaß die meisten großbäuerlichen Stellen und daher den größten Anteil der landwirtschaftlichen Beschäftigten. Durch die schlechte agrarische Ertragslage begannen sich relativ früh Kleingewerbe herauszubilden. Dies bezog sich sowohl auf die typischen kleinen Landhandwerker, die für den lokalen Bedarf produzierten, als auch auf die Hausindustrie, die sich besonders mit der Holzwarenerzeugung beschäftigte. Die größten Erträge erzielte der Holzhandel, während hingegen die Sensenproduktion insgesamt gesehen noch wenig ertragreich war. Selbst die Grundherrschaft hatte bis ins 18. Jahrhundert mehr Einnahmen aus dem landwirtschaftlichen Besitz der Sensenschmiede als aus der Sensenerzeugung. [8] Erst mit der zunehmenden Arbeitsteilung im 18. Jahrhundert, der Industrialisierung im 19. Jahrhundert und den steigenden Beschäftigten- und Produktionszahlen wurde die Sensenerzeugung ein zunehmend wichtiger Industriezweig.
Durch die Grundentlastung von 1848/49 und die Servitutenregulierung verloren die Forstholden die Holznutzungsrechte in den Herrschaftswäldern. Den ehemals Nutzungsberechtigten wurden teilweise die Waldungen zum Kauf angeboten, allerdings zu sehr überhöhten Preisen. So kam es dazu, daß die erworbenen Waldbestände oft wegen Überschuldung veräußert werden mußten. Übrig blieben die Landwirtschaft, mit einer großen Anzahl der als Dienstboten oder Taglöhner Tätigen, und die Sensenwerke, die neben den üblichen lokalen Handwerkern und Gewerbetreibenden für Scharnstein prägend waren. Durch den Konzentrationsprozeß in den siebziger Jahren des 19. Jahrhunderts gelang es der Sensenindustrie, trotz immer wieder auftretender Krisen zum weitaus wichtigsten und größten Produktionszweig der Region zu werden.

Zunft und familienbetriebliche Tradition der Sensenschmiede

Bis ins 19. Jahrhundert hinein war die Zunft für die Sensenschmiede von größter Bedeutung, regelte sie doch interne Probleme und war die Standesvertretung nach außen. So erreichte die Kirchdorf-Micheldorfer Innung, zu der auch die Scharnsteiner Sensenschmiede gehörten, bereits 1604 ein durch den Landesfürsten bestätigtes Monopol auf die Sensenerzeugung in Oberösterreich.

Die Zunft bestimmte die Anzahl der Werkstätten und der Meister, wovon nur die in der Zunft vertretenen anerkannt waren. Damit erhielten die Sensenschmiede auch das Recht, sogenannte "unredliche" Werkstätten in ihrem Gebiet einfach abzuschaffen und deren Sensen von der Obrigkeit beschlagnahmen zu lassen. [9]

Schon die Scharnsteiner Werke, die von Helmhart Jörger zwischen 1585 und 1588 gegründet wurden, hatten Probleme, in die Zunft aufgenommen zu werden. Man wehrte sich gegen Jörgers eigenmächtiges Handeln, und erst 1605 gelang es ihm, durch landesfürstlichen Entscheid die Aufnahme in die Zunft zu erreichen. Die Kirchdorf-Micheldorfer Meisterschaft umfaßte die Region zwischen Alm und Enns. 1728 gehörten zur "inneren Meisterschaft" 13 Mitglieder, davon fünf an der Alm, drei um Leonstein, neun bei Spital und im Garstental, sechs an der Steyerling, in Klaus und Molln. Wegen besserer Absatzchancen schloß man sich auch zu einer "äußeren Meisterschaft" zusammen, deren Mitgliederzahl jedoch schwankte. 1728 waren dies sieben in Freistadt, drei im Ennstal, eine in Mondsee, in der Jesenitz und in Gresten. [10]

Typisch für die Zünfte waren die ritualisierten Zusammenkünfte, die Zusammengehörigkeit und Einigkeit demonstrieren sollten. Am Jahrestag, ursprünglich am Allerheiligentag — später an Maria-Heimsuchung (2.Juli.) —, trafen sich sämtliche Meister der Zunft. Es wurde der Zechmeister gewählt, der der Zunft vorstand, ebenso die zwei Alten-Viermeister und die zwei Jungen-Viermeister, die dem Zechmeister in den Zunftgeschäften zu Seite standen. Nach der Erlegung des Auflaggeldes durch die Meister, dem Werkstättenwechsel der Knechte, Aufdingung und Freisagung der Jungen und einem gemeinsamen Kirchenbesuch wurden die Streitfälle geregelt. [11]

Im Anschluß daran gab es das gemeinsame Jahrtagsessen, an dem nur die Meister teilnahmen. Über dessen Opulenz wurde 1834 folgendes berichtet: "1. Schüh-Suppen mit Reis-Wandl. 2. Fleisch mit Umurkensoße. 3. Erbsen mit geselchter Zunge. 4. Spenfackel mit Krautsalat. 5. Gedienste Hendl mit Krebsfleisch-Karfiol. 6. Breslkoch mit Chaudeau. 7. Kapaun mit Ribiselsulz. 8. Leberkranzl und Butterteig. 9. Erdäpfelkoch. 10. Gebratenes Wildbrädt und weiße Soß. 11. Krebsen. 12. Kuchen. 13. Safttorte. 14. Konfekt. 15. Kaffee." [12]

Das gemeinsame Mahl scheint also nicht nur Verpflichtung, sondern auch ein gesellschaftliches Ereignis gewesen zu sein. Es waren nur Mitglieder der Zunft zugelassen, sogar die Ehefrauen der Meister waren erst am späteren Nachmittag zur Teilnahme berechtigt.

Der Weg bis zur Meisterschaft und zur Aufnahme in die Zunft war jedoch lange. Die Eßmeisterschaft, die Vorstufe zur Meisterschaft, war die einzige Aufstiegsmöglichkeit eines Knechtes. Bereits 1604 war die Handwerksordnung so ausgerichtet, daß Meistersöhne die besseren Aufstiegschancen besaßen. Jeder Bewerber um die Meisterschaft mußte 6 Schilling 12 Pfennig erlegen, drei Jahre als Eßmeister gearbeitet und zwei Jahre Wanderschaft hinter sich gebracht haben. Die Wanderschaft fand bald ihre Kritiker und wurde anfangs den Meistersöhnen gegen Bezahlung von 15 Gulden erlassen, später wurde dies zur allgemeinen Regelung.

Meistersöhne waren bereits in der — in der Handwerksordnung festgelegten — Ausbildung privilegiert. So wurde jenen, die der eigene Vater freisprach, drei Jahre der Lehrzeit, die gesamte Eßmeisterschaft sowie die Bezahlung des Meistermahles erlassen. Bei der Freisprechung hatte jeder junge Meister 2 Gulden 4 Schilling 8 Pfennig in die Zunftlade zu erlegen, bei Bedarf eines eigenen Eßmeisters im ersten Jahr noch weitere 20 Gulden. Das Meisterwerden bzw. die Aufnahme in die Zunft war noch zusätzlich von Behausung und Werkstätte abhängig. Selbst jeder Meistersohn mußte solange warten, bis er die Werkstatt seines Vaters oder eines Verwandten übernehmen konnte. Ein Sensknecht, der eine Meisterwitwe heiratete, konnte erst nach der Hochzeit als Meister in die Zunft aufgenommen werden, da er erst dann am Besitz beteiligt war.[13] Bestand ursprünglich die Regelung, daß verarmte Meister einem arbeitssuchenden Knecht zu weichen hatten und somit dem Knecht das erste Anrecht auf den Arbeitsplatz bzw. die Werkstätte gesichert war, so verlor sich dieses Recht mit dem kontinuierlich wachsenden Einfluß einiger weniger Familien.[14]

Aber nicht nur die interne Organisation und die Aufnahme waren so rigid geregelt, auch die tägliche Produktion, das "Tagwerk" war von der Zunft vorgeschrieben. Dieses war 1604 mit 70 Sensen pro Tag und Werkstatt festgelegt, wobei schon bald vor allem die Meister der neueren Werkstätten an Alm und Steyrling auf eine höhere Produktion drängten.[15] Die restriktive Politik und die Inflexibilität der Zunft beginnen sich hier bereits abzuzeichnen. Aus Angst vor Konkurrenz und Überproduktion wurde am Herkömmlichen festgehalten.

Aber auch die Zunft konnte nicht ausschließlich nach eigenem Gutdünken vorgehen, denn neben der Zunftordnung hing sie einerseits von der kaiserlichen steyrischen Eisenobmannschaft und andererseits von landesfürstlichen Erlässen ab, durch die die Rahmenbedingungen für den Absatz geregelt wurden.

Erste Auflösungserscheinungen zeigte das gesamte System durch die Aufhebung der Roheisenwidmung, wodurch die Kleineisenindustrie — sofern hier schon von Industrie gesprochen werden kann —

auch prompt in eine Krise schlitterte. Zwar war bereits 1751 eine Aufhebung der Zünfte erwogen worden, deren Einfluß war allerdings noch zu groß, und so dauerte es bis zur Gewerbeordnung von 1859, bis sämtliche Privilegien und Beschränkungen endgültig beseitigt wurden.

Stabilität und Familientradition zeigten sich aber auch in den einzelnen Betrieben. Typisch für radizierte Gewerbe, das heißt Gewerbe, die zu ihrer Ausübung bestimmte Einrichtungen voraussetzen, war das Streben, den Betrieb der Familie zu erhalten. Eine Möglichkeit war die Berufsnachfolge von Vater und Sohn, die durch Ausbildungserleichterungen der Meistersöhne gefördert wurde. Verstärkt wurden diese Tendenzen durch eine entsprechende Heiratspolitik, die dazu führte, daß es im 18. Jahrhundert nur mehr Meistersöhnen möglich war, Meister zu werden und eine eigene Werkstatt zu besitzen. [16] Bereits 1784 befand sich fast die Hälfte der rund hundert Werkstätten im innerösterreichisch-steirischen Gebiet im Besitz von nur fünf Familien. So besaß die Familie Moser 17, die Zeitlinger 11, die Kaltenbrunner und Weinmeister je acht und die Hierzenberger sechs Werkstätten. [17] Das sind auch jene Namen, die über Jahrhunderte hinweg immer wieder in den Quellen auftauchen. Auch in Scharnstein läßt sich beobachten, daß fast jede Tochter eines Sensenschmiedes mit einem Sensenschmiedmeister bzw. -sohn verheiratet wurde. Spätgeborene Söhne lernten das Handwerk und kamen dann durch Heirat mit Töchtern oder Witwen zur eigenen Werkstatt. [18]

Im Unterschied zu den anderen zünftischen bzw. radizierten Gewerben war die Entstehung dieser "Dynastien" durch besondere Regelungen in der Zunftordnung möglich. Neben den bereits erwähnten und auch üblichen Begünstigungen für Meistersöhne gab es weitgehende Erleichterungen für Meisterwitwen, die den Betrieb fast uneingeschränkt weiterführen durften. Dabei ging es weniger um die auch sonst festgelegte Versorgung der Meisterwitwen, als vielmehr darum, als Platzhalterin für noch minderjährige Söhne zu fungieren. Auch durften Pächter aufgenommen werden, die jedoch nicht Zunftmitglieder werden konnten, da sonst das Erbe der Söhne gefährdet gewesen wäre. Heiratete eine Witwe einen "Nichtsensenschmied", so mußte dieser das Handwerk von Grund auf lernen. Wie starr diese Regelungen waren, zeigte sich auch darin, daß Versuche von Meistern, ihre unehelichen Söhne durch Notare legitimieren zu lassen, an der Zunft und der Eisenobmannschaft scheiterten. [19]

Die Entstehung solcher Regelungen ist auf die ökonomische Situation der Sensenschmiede zurückzuführen. Nach der Zahl der Beschäftigten handelte es sich eigentlich um Großbetriebe, wie sie ansonsten im zünftisch-organisierten Handwerk nicht existierten.

So belief sich die Zahl der Arbeiter oder auch "Sensenknechte" genannt 1765 in der Werkstatt am Äußeren Grubbach auf 12, 1764 Ob der Almbrücke bereits auf 17 und 1830 Im Niederwörth auf 19 Beschäftigte. [20]

Neben der Voraussetzung von Haus- und Grundbesitz erschwerte die kapitalintensive Produktionsmittelausstattung einem Meistersohn die Neugründung eines Hammerwerkes. Die von der Zunft fixierte Anzahl der Hämmer war dabei ein zusätzliches Hindernis.

Laut Todfallsinventar von 1837 hatten zum Zeitpunkt des Todes der Anna Moser, Mitbesitzerin der Sensenschmiede am Inneren Grubbach, die Gerätschaften der Werkstatt einen Wert von 4.318 Gulden. [21] Diese Schätzungen setzten den Geldwert meist sehr niedrig an, da von diesen das sogenannte Mortuar bzw. Todfallfreigeld, eine grundherrliche Abgabe, berechnet wurde. Es ist daher das eigentliche Vermögen höher einzuschätzen als hier angeführt.

Der Komplex des Sensenwerkes und der Hausmühle des Josef Hierzenberger, Besitzer der Werkstatt am Inneren Grubbach, belief sich 1771 auf 3.000 Gulden. Seine Gattin besaß allein Pretiosen und Münzen im Wert von 974 Gulden. [22]

1837 belief sich das Vermögen des Leopold Moser auf derselben Werkstatt auf insgesamt 27.901 Gulden, davon 5.238 Gulden an Barschaft, 716 Gulden an Aktiva (= ausstehende Schulden) und 10.628 Gulden an Realitäten. Letztere verteilten sich auf die Schmiede mit 8.121 Gulden, Holzvorrat 1.707 Gulden und Fahrnisse, sprich Hausrat, 9.611 Gulden. [23]

Aber nicht nur am Vermögen ist der Wohlstand zu ersehen, sondern auch an der Tendenz zu städtisch-bürgerlicher Kultur, Komfort und Luxus. Diese Kultur läßt sich an Statussymbolen festmachen, die besonders Mobiliar und Kleidung kennzeichneten. Im obigen Inventar von 1837 sind unter anderem vier Kutschen, zwei ein- und zwei zweispännige, vier Spiegel, 43 Bilder, eine Bade-, eine Waschwanne, sechs Standuhren, vier Goldhauben, eine Perlhaube, Silbergerätschaften, drei Kaffeeservice und an Zinngeschirr 14 Krüge, 8 Flaschen, 20 Schüsseln und 114 Teller angeführt. [24]

Die passende und standesgemäße Kleidung der Sensenmeister beschrieb 1835 ein anonymer Autor eher ironisch:

"Ein ehrenfester Sensenhammerherr vom höheren Alter wählt zu seinem Staate einen breiten Krempenhut, eine mit Goldborten verbrämte Samtweste und auf derselben gewichtige silberne Knöpfe, darüber einen golddurchwirkten breiten Hosenträger, lederne Beinkleider, um die Hüfte einen reichbesetzten oder durchaus gestickten, mit einer enormen Silberschnalle geschlossenen Gürtel, dazu eine grüne Jacke, blaue Strümpfe und Schuhe mit nicht minder gigantischen Schnallen.

Ihm zur Seite steht die schätzbare Hausfrau mit dem Goldhäubchen von antiker Fasson und einem goldgestickten Halstuche, von dem eine reiche, aber kurze Halskette das kostbare Juwelenkreuz zur Schau trägt, in einem mit Spangen besetzten Mieder von goldgeblumtem Seidenstoffe, mit einer Korsette von langer Trille mit Schoßen, mit einem umfangreichen Rocke und darüber ein seidenes Vortuch, mit seidenen Strümpfen und gestickten Spitzschuhen mit hohen Absätzen." [25]

So lassen sich aus der oftmals zitierten Kultur der Sensenwerksbesitzer, obwohl immer dem Traditionell-Handwerklichen verhaftet und verpflichtet, einige Zeichen bürgerlicher Lebens- und Alltagskultur herauslesen. Zwar ist ihre Verankerung weiterhin ländlich-provinziell, trotzdem ist der Einfluß von, sicherlich auch gewerbebedingter, städtischer Prägung zunehmend.

Die Arbeiterschaft in den Sensenschmieden

Die Alltagskultur der Sensenarbeiter bzw. Sensenknechte, besonders der früheren Zeit, hat weniger Niederschlag in den Quellen gefunden als die der Meister. Die Anzahl der Sensenarbeiter pro Schmiede war ursprünglich noch gering, da der Prozeß der Arbeitsteilung noch nicht sehr ausgeprägt war.

Erst nach der Einführung des Wasserbreithammers gegen Ende des 16. Jahrhunderts begannen sich auch unter den Sensenknechten größere Unterschiede herauszubilden — der Anfang einer sozialen Hierarchie. Zuerst erfolgte eine Abschottung der Meister von den Gesellen und schließlich, als nur mehr Meistersöhne Meister werden konnten, festigte sich die Hierarchie unter den Gesellen.

Die strengen Zunftvorschriften setzten bereits bei der Aufdingung zum Lehrjungen ein. Der Lehrjunge mußte seinen Geburtsbrief vorweisen, um seine Ehelichkeit zu garantieren, und wurde am Jahrtag vor versammelter Zunft aufgedingt. Der Meister bezahlte 4 Schilling 8 Pfennig, der Junge 2 Schilling 4 Pfennig. Außerdem hatte der Junge zwei Bürgen zu stellen, die für seinen "Arbeitswillen" und bei von ihm begangenen Vergehen verantwortlich waren. Der Meister hingegen verpflichtete sich, sechs Jahre hindurch, das bedeutete drei Jahre über die festgelegte Lehrzeit hinaus, keinen neuen Jungen aufzudingen. Ein freigesprochener Junge, also ein fertiger Geselle, konnte ebensowenig die Werkstatt, in der er gelernt hatte, verlassen. Vielmehr war er verpflichtet, ein viertes Jahr bei "angemessenem" Lohn und anschließend noch ein halbes Jahr um den Lohn, den er im ersten Lehrjahr erhalten hatte, zu arbeiten. Folgte er dieser schikanösen Regelung nicht, erhielt er kein Zeugnis, ohne das er wiederum keine neue Anstellung erhielt.

Unterstützt wurde dieses System von einem Kundschafterwesen, das der Zunft nicht nur Gewalt über ihre Mitglieder sondern auch über die Knechte, die nicht eingezunftet waren, verlieh. Als 1709 Beschwerden auftauchten, daß sich so viele Lehrjungen davonmachten, wurden auch diese in das Kundschafterwesen einbezogen. Erst 1816 wurde den Meistern freigestellt, eine beliebige Anzahl von Lehrjungen und Hilfskräften aufzunehmen. [26)] Dadurch erübrigte sich auch dieses Spitzelwesen.

Die Eßmeisterschaft galt als der höchste Rang in der beruflichen Hierarchie der Sensenarbeiter. Dazu waren eine zusätzliche dreijährige Lehrzeit, ein Bürge und drei Gulden für die Zunftlade erforderlich. Der Eßmeister gehörte neben dem Hammerschmied und dem Abrichter zu den wichtigsten an der Sensenproduktion beteiligten Kräften. Diese drei waren die sogenannten "Standknechte", im Gegensatz zu den "Wochenknechten", und blieben meist ziemlich kontinuierlich bei einem Meister. [27] Die Standknechte waren die am häufigsten verheirateten Sensenarbeiter. Dies hing mit dem höheren Lohn, aber auch mit dem seltenen Arbeitsplatzwechsel zusammen. Das Heiratsalter der Knechte lag im Durchschnitt bei 35 Jahren, wobei der allgemeine Durchschnitt in Scharnstein bei den Männern um 32 Jahre lag. [28] Das durchschnittliche Heiratsalter lag bei den Sensenknechten also noch höher als bei der bäuerlichen bzw. unterbäuerlichen Bevölkerung.

Die Wochenknechte übten die weniger qualifizierte Arbeit aus, sie erhielten weniger Lohn, bedurften einer geringeren Qualifikation, waren aber einer höheren körperlichen Beanspruchung ausgesetzt. Zu ihnen zählten unter anderem Heizer, Aushämmerer, Breitenheizer, Abschienerer, Kramrichter etc. Ursprünglich war die Lohndifferenz zwischen Stand- und Wochenknechten noch gering und stand meist im Verhältnis 1,5 : 1, verschlechterte sich bis 1800 auf 2,5 : 1, wobei nur der reine Geldlohn verglichen werden kann. [29]

Im folgenden die Lohnhierarchie der Scharnsteiner Sensenschmiedarbeiter an zwei Beispielen. [30]

1764 An der Almbrücke — 17 Arbeiter

Eßmeister	110 Gulden pro Jahr.
Abrichter	"
Hammerschmied	"
Abhammerer	56
Heizer	"
Richter	50
Auswascher	20
Beschneider	16
Breitenheizer	16
Grauhämmerer	15
Abhammerer	"
Schleifer	15
Aushammerer	"
Abrichterhelfer	"
Kohlenbub	"

1814 Äußerer Grubbach — 12 Arbeiter

Eßmeister	115 Gulden pro Jahr.
Hammerschmied	"
Heizer	"
Aushammerer	40—53
Breitenheizer	"
Beschneider	"
Richter	36
Auswascher	"
Abschienerer	"
Aushammerer	"
Schleifer	35
Lehrbub	6

Bereits 1678 verdiente nach Franz Fischer der Hammerschmied an einem Faß Sensen 1 Gulden 50 kr, der Eßmeister 2 Gulden 10 kr, der Abrichter 1 Gulden 10 kr und der Heizer 1 Gulden. Umgerechnet auf 20.000 pro Jahr erzeugte Sensen würde dies beim Eßmeister ca. 55 Gulden Jahreslohn bedeuten, wobei schon 1622 der Jahreslohn mit 57 Gulden angegeben wurde. Auffallend dabei ist, daß die Löhne selbst über die Jahrhunderte hinweg ziemlich stabil blieben und kaum anstiegen. Die Lehrjungen erhielten um 1620 im ersten Jahr 2 Gulden 36 kr, im zweiten 3 Gulden 28 kr und im dritten Jahr 4 Gulden 20 kr. Der Eßmeister begann seine Lehre mit 10 Gulden 24 kr pro Jahr. [31]

Im Vergleich dazu seien einige Nahrungsmittelpreise aus Wels und Gmunden angeführt,[32] die dem Scharnsteiner Preisniveau ungefähr entsprechen.

GETREIDEPREISE IN GMUNDEN
1750 - 1850

	Weizen pro Metzen		(pro kg)		Roggen pro Metzen		(pro kg)
	fl	kr	(kr)		fl	kr	(kr)
1757	2	30	(3)	1757	1	15	(2)
1786	3	30	(5)	1786	1	30	(2)
1818	7	24	(10)	1818	4	-	(6)
1830	8	15	(11)	1830	-	-	
1847	22	3	(29)	1847	13	18	(18)

FLEISCHPREISE IN WELS
1763 - 1850

	Rindfleisch kr Pfund	(kg)	*Kalbfleisch* kr Pfund	(kg)	*Schaffleisch* kr Pfund	(kg)	*Schweinefleisch* kr Pfund	(kg)
1763	3 1/2	(6 1/4)	3 1/2	(6 1/4)	—		5 1/2	(10)
1791	4 -4 1/2	(7-9)	4 1/2	(9)	4 1/2	(9)	8	(14 1/4)
1809	18-24	(32-42)	18-30	(32- 54)	12-24	(21-43)	23-40	(41-71)
1830	11 1/4	(20)	20	(32 1/2)	12	(21 1/2)	24	(43)
1850	20	(35 1/2)	26	(46 1/2)	18	(32)	28	(50)

Anhand dieser Nahrungsmittelpreise zeigt sich, daß die reale Kaufkraft der Löhne besonders im 18. und Jahrhundert sank. Dadurch, daß der Geldlohn nur einen Teil des Lohnes ausmachte, ist es schwierig, die Gesamtsituation zu beurteilen. Kost und Quartier waren miteinbezogen und führten zu einer engen Bindung an den Meister.

Zusätzlich muß noch bedacht werden, daß sich diese sowohl in Qualität als auch in Quantität von Meister zu Meister unterschieden und daher eine objektive Beurteilung erschweren.

Eine weitere Einnahmequelle war der sogenannte "Knechthandel". Den Knechten war es erlaubt, in der näheren Umgebung selbst Sensenhandel zu betreiben. Um 1604 war ihnen die Beschränkung, auf soviel, als sie "von Hand aus" zu verkaufen vermochten, auferlegt. Schon bald durften nur mehr Sensen von einem Meister und nur unter dessen Namen und nicht unter dem des Knechtes gehandelt werden. Auch wurde versucht, den Auslandshandel zu unterbinden, denn für diesen war ein Erlaubnisschein vom Eisenobamt nötig. Bei Kirchtagen bedurfte es nur der Zunfterlaubnis. 1769 wurde den im Dienst stehenden Knechten der Sensenhandel endgültig untersagt. 1814 versuchte man auch den der Altersversorgung dienenden Handel zu verbieten. [33]

Im 19. Jahrhundert ging die Bezahlung allmählich in reinen Geldlohn über. Trotzdem hielten sich bestimmte patriarchalische Verhaltensweisen noch längere Zeit. Beim Leihkauf z.B. erhielt jeder Sensenarbeiter, der jährlich neu aufgedingt werden mußte, einen "Vorschuß" in der Höhe eines Monatslohnes. Damit erlangte die Verbindlichkeit des Arbeitsvertrages Gültigkeit. Für den Arbeiter beinhaltete dies jedoch ganz konkrete Gefahren. Aufgrund der nicht sehr hohen Löhne war dieses Geld meist schnell verbraucht, und der Arbeiter wurde zum Schuldner des Unternehmers. Trat nun der Arbeiter seine Arbeit nicht an und zahlte er das Geld, das in den meisten Fällen bereits ausgegeben war, nicht zurück, so lief er Gefahr, wegen Betruges angezeigt und verurteilt zu werden. [34]

Weiters ist zu bedenken, daß in der Frühzeit der Sensenwerke die Wochenknechte nicht das ganze Jahr hindurch regelmäßig Beschäftigung fanden. Während des Sommers war eine volle Auslastung des Betriebes aufgrund der geringen Wasserführung der Flüsse nicht möglich. Also bedurften die Sensenknechte einer erweiterten Existenzsicherung. Sie waren vermutlich großteils Kleinhäusler, die in der arbeitsintensiven Ernteperiode durch die eingeschränkte Auslastung des Sensenwerkes für ihre Kleinlandwirtschaft Zeit hatten.

Bereits die Bezeichnung "Wochenknechte" spricht gegen eine ständige Arbeitsphase. Im Theresianum waren sämtliche elf angeführten Sensenknechte Häusler. Vier davon hatten auch Tierhaltung, was schon auf ein gewisses Vermögen schließen läßt. [35] Für die Folgezeit läßt sich dies nicht überprüfen, eine größere Änderung dürfte in den sechziger Jahren des 19. Jahrhunderts eingetreten sein, als die Anzahl der Arbeiter sprunghaft auf ca. zwanzig bis dreißig pro Werk anstieg. Damit ist auch anzunehmen, daß die Beschäftigung im Hammerwerk als alleinige Existenzbasis ausreichte. [36]

Trotz der im 19. Jahrhundert immer ausgeprägteren Tendenz zur Lohnarbeit blieben die Sensenarbeiter den patriarchalischen Verhältnissen verhaftet, wie die Aufnahme für jeweils ein Jahr, der Leihkauf und das Tagwerk bis ins 20. Jahrhundert hinein zeigten. Dadurch konnten sich die Sensenindustrie und besonders ihre Beschäftigten erst relativ spät vom traditionellen Handwerk lösen. Denn die Aufrechterhaltung der Hierarchie unter den Arbeitern, die als Grundlage für den individuellen und doch eher handwerklichen "Berufsstolz" diente, führte zur starken Abgrenzung zu anderen ländlichen Fabriksarbeitern. Nebenbei blieb die Verhaftung im bäuerlichen Umfeld, mit all seinen typischen Vernetzungen von Verwandtschafts- und Nachbarschaftsbeziehungen, für die Sensenarbeiter lange Zeit prägend. [37]

Seit dem Beginn des 19. Jahrhunderts hatte sich die soziale Situation der Gesellen zunehmend verschlechtert. Trotzdem verhinderte die — nach wie vor vorhandene — Integration im "ganzen Haus" den Übergang vom "Gesellen" zum "Arbeiter". Daneben zerfielen auch die weitläufigen und überregionalen Sozialbeziehungen, die das Handwerk einst kennzeichneten. [38]

Diese verschiedenen Komponenten trugen dazu bei, daß die Sensenarbeiter erst relativ spät ein Interesse für das Gedankengut der Arbeiterbewegung entwickelten, das sich erst im zweiten Jahrzehnt des 20. Jahrhunderts durchsetzen konnte.

Die wirtschaftliche Lage der Hammerwerke

Mit der Handwerksordnung von 1604 begaben sich die Sensenschmiede völlig in die Hand der Steyrer Eisenobmannschaft, was eine gänzliche Einbeziehung in das Innerberger Wirtschaftssystem des Eisenbezuges bedeutete. Für den Handel waren ebenfalls landesfürstliche Verordnungen zuständig. Das Verlagssystem der Steyrer und Kirchdorfer Handelsleute unterband eine größere Kapitalbildung bei den Sensenschmieden. Die allgemeine wirtschaftliche Lage war ausgesprochen schlecht, es kam teilweise sogar soweit, daß Meister ihre Knechte nicht bezahlen konnten und um Zahlungsaufschub ersuchen mußten. [39]

Erst 1671 verbesserte sich die ökonomische Situation der Sensenschmiede etwas, als sie die Verlagsfreiheit und den uneingeschränkten Mockbezug aus dem Vordernberger Revier zugestanden bekamen. Somit erhielten die Sensenschmiede eine Sonderstellung im kaiserlichen Eisenwesen und im Eisengewerbe, das ansonsten auf dem Verlags- und Widmungssystem basierte. [40]

Die relativ günstige Konjunktur zwischen 1730 und 1780 wurde 1781 durch die Aufhebung des Widmungssystems gebremst. Der Marktwert des Roheisens stieg dadurch in den ersten zehn Jahren nach der Aufhebung der Widmung um achtzig bis hundert Prozent. Dies lag daran, daß der Roheisenpreis bis 1781 enorm tief gehalten worden war und bei weitem nicht dem realen Marktwert entsprach. Auch stand er im Widerspruch zu den ständigen Lebensmittelteuerungen.

Ab 1783 stieg die Roheisenproduktion rasch an, noch in diesem Jahr um 75% auf fast 140.000 Zentner. [41] Trotzdem blieb die wirtschaftliche Situation weiterhin kritisch. 1823 war ein Tiefpunkt erreicht, und die drei oberösterreichischen Zünfte wandten sich an die Hofkammer. Sie ersuchten um Aufhebung der Ausfuhrbewilligung von rohem Mock und Stahl ins Ausland, um Auswanderungsverbot und

Befreiung vom Militärdienst für Sensenarbeiter, Verbot der Erzeugung von Strohmessern durch Hammer- und Hackenschmiede und um Maßnahmen zur Einstellung des Nachschlagens österreichischer Meisterzeichen und des Erblandwappens. Denn allein zwischen 1807 und 1823 war die Zahl der im Betrieb stehenden Hämmer von 98 auf 23 zurückgegangen. [42]

Besonders der hohe inländische Eisenpreis, der dem des ausländischen Eisens, zuzüglich hoher Schutzzölle und Transportspesen, entsprach, machte den kleineren Werken zu schaffen. Denn durch die steigenden Gestehungskosten kam es nicht nur zu Exportrückgängen, sondern auch zu Absatzstockungen im Inland. Um die Mitte des 19. Jahrhunderts versuchte man durch Senkung der Zölle und einen erhöhten Roheisenimport die Inlandspreise zu senken. Dadurch sollte die Situation verbessert werden und eine Preisangleichung ans Ausland erfolgen. Doch gerade dabei wurden die kleineren Hämmer, unter zusätzlichem Einfluß der Wirtschaftskrise von 1859 bis 1867, um ihre Existenz gebracht. [43]

Oberösterreichische Sensenindustrie 1841 - 1871 [44]

	1841	1854
Betriebe	46	30
Produktion		
Sensen	1,142.460	696.150
Sicheln	175.000	89.950
Strohmesser	25.850	137.680
Wert in Gulden	640.000	294.778
Beschäftigte	2.800	656

	1860	1871
Betriebe	50	50
Produktion		
Sensen	2,633.000	1,820.000
Sicheln	156.000	65.000
Strohmesser	202.000	50.000
Wert in Gulden	2,400.000	1,200.000
Beschäftigte	1.301	1.100

Zwar waren 1841 bereits wieder 46 Hämmer tätig, von den Eisenarbeitern waren jedoch aufgrund der Absatzkrise die Hälfte arbeitslos. In dieser Zeit begann die Zahl der Arbeiter pro Hammer zu steigen. 1851 waren in Scharnstein im Vergleich zur Jahrhundertwende die Beschäftigtenzahlen ebenso wie die Produktionszahlen gestiegen. Brachmann berichtet von Joh. Georg Haslinglehner, Am Niederwörth, der mit 24 Arbeitern 30.000 Sensen erzeugte, Johann Hierzenberger, am Äußeren Grubbach, erzeugte mit 16 Arbeitern 40.000 Sensen, Adam Gottlieb Kaltenbrunner, Ob der Almbrücke, mit 20 Arbeitern 48.000 Sensen und Johann Adam Pieslinger, Bei der Almbrücke, mit 20 Arbeitern 45.000 Sensen pro Jahr. [45]

Waren im 17. Jahrhundert pro Werkstatt nur drei bis vier Knechte beschäftigt, und war um die Wende vom 17. zum 18. Jahrhundert durch Fabrikationsänderungen der Arbeitskräftebedarf im Durchschnitt auf sieben bis acht Gesellen und drei Buben angestiegen, so fand im Verlauf des 19. Jahrhunderts eine Verdoppelung der Beschäftigten pro Hammer statt. Die relativ spät erfolgte Arbeitsteilung läßt sich allerdings begründen: Eine durchgängige exakte Zuweisung der Einzelarbeiten auf bestimmte eingegrenzte Tätigkeitsbereiche existierte zu Beginn des 19. Jahrhunderts insofern noch nicht, als selbst Fachkräfte meist nur vormittags mit ihren spezifischen Tätigkeiten beschäftigt waren und nachmittags mit den jeweils anfallenden.

Was Neuerungen betraf, handelte es sich nicht um bewußte, beabsichtigte Erfahrungserweiterung, wie sie die industrielle Technik kennzeichnet, sondern war eher auf den Zufall beschränkt. "Das wichtigste dabei war, im Endprodukt gerade jenen Kohlenstoffgehalt zu erzielen, der für die fertige Sense die beste Schnittfähigkeit garantierte." [46]

Die Sensenarbeiter bildeten jeweils eine aufeinander gut eingespielte und verhältnismäßig autonome Produktionseinheit. Diese war technologisch unabdingbar und gerade dadurch konnte eine Maschinisierung bis über die Jahrhundertwende hinaus erfolgreich gebremst werden. [47]

Die Einbindung in "traditionell" zünftische Formen blieb so weiter vorhanden, was sich wohl nachteilig auf die Arbeiter selbst auswirkte. Der Übergang zur Fabrik vollzog sich weniger durch zunehmende Arbeitsteilung und Absonderung einzelner Teiloperationen, als durch die Ausdehnung der Produktion und des durchschnittlichen Arbeitstages ab der Mitte der fünfziger Jahre des vorigen Jahrhunderts. Dazu beigetragen hat auch die Änderung der rechtlichen Voraussetzungen, durch die die vorangegangene Produktionsweise abgelöst wurde und mit ihr das "ganze Haus" endgültig seine Auflösung erfuhr. [48]

Seit dem 17. Jahrhundert waren die Sensenhämmer vorwiegend auf Export ausgerichtet. Ausgangspunkt für den Verschleiß waren ursprünglich Messen und Märkte. Seit 1604 durften die Mitglieder der Kirchdorf-Micheldorfer Gewerkschaft selbst Messen besuchen und teilweise Handel treiben. Die wichtigsten Messen im 17. Jahrhundert waren Linz, Krems und Freistadt; als wichtigste Verkaufs- und Handelsstädte für österreichische Sensen galten Hamburg, Basel, Frankfurt, Lübeck, Nürnberg und Regensburg. Einer der größten Exporteure nach Deutschland war schon im 18. Jahrhundert Simon Redtenbacher. Er lieferte bereits 1725 10.000 Sensen und 3.600 Strohmesser und 1750 26.100 Sensen und 9.150 Strohmesser. Aber auch Namen aus der Kirchdorf-Micheldorfer Zunft wie Pießlinger, Hierzenberger oder Hillebrand tauchen schon früh in den Freistädter Mautprotokollen auf. [49] Ansonsten befand sich der Handel großteils in ausländischen Händen. Wichtigste Absatzgebiete waren Böhmen, Mähren, Polen, Rußland, Frankreich, aber auch Krain, Görz und Italien. Neben den Mauten und Frachtgebühren, die teils die Meister selbst zu tragen hatten, waren die hohen Schutzzölle und die Nachahmung der österreichischen Marken die größten Probleme des Gewerbes. Besonders die jahrhundertelange Markennachahmung führte dazu, daß qualitativ schlechte Ware verkauft, dadurch die Preise gedrückt und so insgesamt der Export geschmälert wurde. So konnte zum Beispiel die Streitfrage mit deutschen Werken erst 1874 aufgrund des deutschen Markenschutzgesetzes zugunsten der Kirchdorf-Micheldorfer Gewerkschaft geregelt werden. [50] In anderen Ländern fand sich kaum eine befriedigende Lösung dieser Problematik. Erst durch die Konzentration der Betriebe und bessere Absatzorganisation trat eine diesbezügliche Änderung ein. Die grundsätzlichen Probleme des Handwerks wurden aber auch im 20. Jahrhundert nicht gelöst. So sank die Rentabilität der Betriebe schon allein durch den ungünstigen Standort. Die Verkehrsverbindungen, die durch die industrielle Revolution einen so hohen Stellenwert erlangten, waren äußerst schlecht, und durch die Herbeischaffung der entlegenen Rohstoffe verteuerten sich die Finalprodukte und verminderten dadurch die Chancen gegenüber der ausländischen Konkurrenz.

Daneben blieb das Problem der Arbeitsverfassung, die selbst vom Handelsministerium 1870 als merkantil-schwerfällig und patriarchalisch bezeichnet wurde. [51]

In den darauffolgenden Jahrzehnten erfolgten Veränderungen der Arbeitsverfassung, Anstrengungen zur Verbesserung der Absatzorganisation und Initiativen zur Betriebskonzentration mit gleichzeitiger industrieller Umstrukturierung.

Quellen

1. Vgl. Pühringer, Andrea: Scharnstein 1750-1850. Ökonomischer und sozio-kultureller Wandel am Beispiel einer oberösterreichischen Landgemeinde. Wien 1988, S 12 f.
2. eigene Berechnung: Oberösterreichisches Landesarchiv (OÖLA), Theresianische Fassionen, HSs 266-69, 252-9, 244-5, 272-3, 154-61.
3. eigene Berechnung: OÖLA, Franziszeischer Kataster, KG Viechtwang, Handschrift 1086/16, KG Dorf HS 139/16, KG Mühldorf HS 651/16.
4. OÖLA, Franziszeum, HS 1086/16, § 11.
5. Pillwein, Benedikt: Geschichte, Geographie und Statistik des Erzherzogthums Oesterreich ob der Enns und des Herzogthums Salzburg, Linz 1828, Bd. 2, S. 403.
6. Stiftsarchiv Kremsmünster, Herrschaft Scharnstein, Pflegeamtsberichte, Gc III/9-IV/ 7.
7. OÖLA, Franziszeum, HS 651/16, § 11.
8. Fischer, Franz: Die blauen Sensen. Sozial- und Wirtschaftsgeschichte der Sensenschmiedezunft zu Kirchdorf-Micheldorf bis zur Mitte des 18. Jahrhunderts. 1966, S. 81.
9. Ebd., S. 31f.
10. Ebd., S. 38f.
11. Ebd., S. 44ff.
12. Krackowizer, Ferdinand: Von den Sensenschmieden im Kremstal. Separatdruck der Linzer Zeitung, 1910, Nr. 104, S. 6.
13. Fischer, Die blauen Sensen, S. 61ff.
14. Ebd., S. 74.
15. Ebd., S. 36.
16. Fischer, Franz: Das Zunftwesen bei den Sensenschmieden zu Kirchdorf-Micheldorf. In: Oberösterreich. Halbjahreszeitschrift für Landschaft, Kultur, Wirtschaft, Fremdenverkehr, Land und Leute, Jg. 12, Heft 3/4, Linz 1962/3, S.40.
17. Mitterauer, Michael: Zur familienbetrieblichen Struktur im zünftischen Handwerk. In: Ders., Grundtypen alteuropäischer Sozialformen. Haus und Gemeinde in vorindustrieller Zeit. Stuttgart 1979, S. 111.
18. Schröckenfux, Franz: Geschichte der österreichischen Sensenwerke und deren Besitzer. Linz/Achern 1975, S. 177ff.
19. Ebd., S. 111; Fischer, Die blauen Sensen, S. 62ff.
20. Baumgartinger, Edmund: Die Geschichte der Herrschaft Scharnstein. Wels 1970, S 267 ff.
21. OÖLA, Gerichtsakten Kremsmünster, HS 1000, ungeordneter Bestand.
22. Straßmayr, Eduard: Aus dem Wirtschaftsleben der oberösterreichischen Sensenschmiede. In: Heimatgaue, Jg. 1, 1919/20, S. 171f.

23 Vgl. Anm. 21.
24 Ebd.
25 Anonym, zit. nach: Krackowizer, S. 5.
26 Fischer, Die blauen Sensen, S. 52ff.
27 Ebd., S. 54ff.
28 Pühringer, S. 33.
29 Sprengnagel, Gerald: Fabrikarbeiter auf dem Land. Wien 1983 (Dissertation), S. 188.
30 Baumgartinger, S. 263ff.
31 Fischer, Die blauen Sensen, S. 71ff.
32 Pühringer, S. 117ff.
33 Sprengnagel, S. 189f.
34 Maderthaner, Wolfgang: Leben und Kämpfen auf dem Land. Die Metallarbeiter des Traisen- und Ybbstales von der Jahrhundertwende bis zum Beginn des 1. Weltkrieges. Eine Fallstudie. Wien 1980 (Dissertation), S. 152.
35 Vgl. Anm. 2.
36 Sprengnagel, S. 273.
37 Maderthaner, S. 52.
38 Sprengnagel, S. 233.
39 Fischer, Die blauen Sensen, S. 191.
40 Ebd., S. 109f.
41 Mosser, Alois: Alpenländische Eisenindustrie und sozialer Wandel im 19. Jahrhundert. In: Österreich in Geschichte und Literatur, Jg. 15, 1971, S. 607.
42 Kropf, Rudolf: Oberösterreichs Industrie (1879-1938). Ökonomisch-strukturelle Aspekte einer regionalen Industrieentwicklung. Linz 1981, S. 37f.
43 Sandgruber, Roman: Von der Widmung zum Wettbewerb. Der Scheibbser Eisen- und Proviantshandel vom 17. bis zum 19. Jahrhundert. In: Unsere Heimat, 48, 1977, S. 219f.
44 Kropf, S. 38.
45 Brachmann, Gustav: Die oberösterreichischen Sensen-Schmieden im Kampf um ihre Marken und Märkte. Linz 1964, S. 22.
46 Sprengnagel., S. 225.
47 Maderthaner, S 53f.
48 Sprengnagel, S. 198.
49 Fischer, Die blauen Sensen, S. 158ff.
50 Zeitlinger, Josef: Sensen, Sensenschmiede und ihre Technik. In: Jahrbuch des Vereins für Landeskunde und Heimatpflege im Gau Oberdonau, Bd. 91, 1944, S. 57ff.
51 Kropf, S. 39f.

Josef Steinhäusler

DER AUFBAU DER FIRMA REDTENBACHER IN SCHARNSTEIN (1875-1910)

Die Herstellung von Sensen hatte in Oberösterreich eine lange Tradition. Die Zentren waren das Kremstal, Almtal, Steyr- und Ennstal (Innung Kirchdorf - Micheldorf), das westliche Innviertel (Innung Mattighofen) und das untere Mühlviertel (Innung Freistadt) mit insgesamt 55 Sensenhämmern. In der Zeit von 1730 bis 1800 herrschte ausgezeichnete Konjunktur; es war trotz gelegentlicher Rückschläge die Blüte der handwerklichen Sensenherstellung.
"Zeitweise war die Beschaffung der Rohstoffe Eisen und Holzkohle die einzige Sorge der Meister."[1]
Praktisch alle Angelegenheiten des Handwerks wurden bis zur Gewerbeordnung von 1859 durch die Zünfte geregelt. Infolge der zunftmäßigen Beschränkung war nur die Ausbildung von Kleinbetrieben möglich — jeder Handwerksmeister durfte nur mit maximal 12 Gesellen und 12 Lehrlingen ein Tagwerk Sensen — Anzahl der Sensen, die pro Tag in einer Werkstätte produziert werden durften — (ca. 200 Stück) — produzieren. Die Arbeiter wurden für ein ganzes Jahr verpflichtet, ein Wechsel der Arbeit war nur zu "Jakobi" (25. Juli) möglich.
Um 1800 begann eine kritische Zeit für die österreichischen Sensenfabriken. In Deutschland, Frankreich und Rußland, den Hauptexportländern, entstanden neue Werke. Den Höhepunkt erreichte diese Entwicklung 1823. So hatte zum Beispiel die Freistädter Zunft eine ganze Jahresproduktion im Warenlager.
Die drei Zünfte wandten sich an die Hofkammer und ersuchten um die Aufhebung der Ausfuhrbewilligung von Mock und Stahl ins Ausland, Auswanderungsverbot und Befreiung vom Militärdienst für Sensenarbeiter und Maßnahmen zur Einstellung des Nachschlagens österreichischer Meisterzeichen.[2]

Nach einigen Jahren der Erholung brachten die 30er Jahre eine weitere Verschlechterung. Als Folge der Gründung des Deutschen Zollvereines im Jahr 1834 wurden Schutzzölle eingehoben, wodurch die Exportchancen für österreichische Sensen belastet wurden. Der Markenschutz blieb weiterhin ungelöst, und der Sensenhandel geriet immer mehr in die Hände ausländischer Händler. Die oberösterreichischen Sensenfabrikanten arbeiteten fast nur mehr auf Bestellung ausländischer Agenten.
Erstmals gab es Bestrebungen zur Konzentration der Produktion. Zum Beispiel vereinigte Kaspar Zeitlinger in seiner Hand vier Hämmer mit 451 Arbeitern und einer Produktion von 150.000 bis 200.000 Sensen.
Die 40er Jahre brachten den endgültigen Verlust der Exportmärkte Frankreich, Deutschland und Schweiz — die traditionellen Absatzgebiete. Nun sahen viele Sensenfabrikanten den Ausweg in einer Steigerung des Rußlandgeschäftes. Dieser neue

Markt war heiß umkämpft. Es war daher eine Notwendigkeit, kostengünstig zu produzieren, um gegen die deutsche Sensenindustrie bestehen zu können. Die Qualität der deutschen Sensen war zwar schlechter, die deutschen Fabrikanten hatten jedoch gegenüber den österreichischen Firmen eine Reihe von Vorteilen: eine günstigere Verkehrslage gegenüber abgeschlossenen Alpentälern, d.h. Rohstoffe mußten nicht über große Strecken herangebracht werden und die Transportkosten für das fertige Produkt waren niedriger.

Die 1859 proklamierte Gewerbefreiheit beseitigte die durch die Zünfte auferlegten Schranken. Die Ausbildung von größeren Betrieben war nun rechtlich möglich und auch die Erhöhung des Tagwerks. Viele Fabrikanten versuchten durch eine bessere Ausnützung der teuren Holzkohle in geschlossenen Öfen, bzw. durch die Verwendung mineralischer Kohle ihre Kosten zu minimieren und weiteten die Produktion beträchtlich aus. Die grundlegenden Probleme der österreichischen Sensenindustrie blieben aber bestehen. Nur die Verkehrslage wurde durch den Eisenbahnbau etwas verbessert.

Nach den eher ruhigen 60er Jahren kam ab 1870/73 die große Krise. Ausgelöst durch Mißernten in Rußland und durch falsche Markteinschätzung der Gewerken, die zu schneller Produktionsausdehnung führte, verursachte sie Produktionseinstellung und große Lagervorräte. "1874 waren Notverkäufe mit bedeutenden Verlusten fast an der Tagesordnung. Viele Sensenarbeiter waren zur Ab- und Auswanderung gezwungen und wurden vor allem von deutschen Fabrikanten umworben." [3] Nach kurzfristiger Besserung gab es 1877/78 durch die Einstellung der Donauschiffahrt als Folge des russisch-türkischen Krieges eine neuerliche Verschärfung. Die Lage blieb weiter kritisch, und 1885 wurde schließlich der Tiefpunkt erreicht. "Die Kirchdorf-Micheldorfer Sensenwerksgenossenschaft stellte 1885 in einem Bericht fest, daß in den letzten fünf Jahren kaum ein Viertel der Werke ständig in Betrieb war und über die Hälfte der Sensenwerke viertel- bis halbjährige Ruhepausen einlegen mußten." [4]

Die Regelung des Markenschutzes und die Konzentration innerhalb der Sensenindustrie in Mittel- und Großbetriebe erhöhte nach 1885 die Konkurrenzfähigkeit der oberösterreichischen Werke und leitete einen Aufschwung ein.

"Dabei kam es zunächst nicht zur Ausbildung von Großbetrieben im herkömmlichen Sinn, sondern zur Vereinigung mehrerer Werke in einer Hand. Im Jahre 1880 besaß zum Beispiel Franz Zeitlinger fünf und Gottfried Zeitlinger vier Sensenhämmer." [5] Diese expandierten weiter oder wurden, wie in der Steiermark, durch den Großindustriellen Carl Wittgenstein praktiziert, von anderen Betrieben übernommen.

Der erste Großbetrieb war die Firma Redtenbacher in Scharnstein. Die Sensenwerke konnten als einer der wenigen Zweige der Kleineisenindustrie zur fabriksmäßigen Produktion übergehen. Der daraus resultierende Konzentrationsprozeß führte allein in den Jahren 1870 bis 1895 zu einem Rückgang der Betriebe um 41% und zu einer Produktionsausweitung um 78%."[6] Als Folge dieser Entwicklung wurde die Freistädter Innung aufgelassen und dort der letzte Sensenhammer 1900 stillgelegt. In Micheldorf, dem Zentrum der oberösterreichischen Sensenherstellung, fiel die Zahl der Werke bis 1907 von zwölf auf eines.

Sensenhämmer in Oberösterreich

Jahr	Sensenwerke	Beschäftigte [7]
1807	98	-
1823	49	-
1841	46	-
1875	47	1.073
1885*	38	820
1890	31	1.017
1897	30	1.097
1902	22	1.346
1930	14	863

* Nach Meinung der oberösterreichischen Handelskammer wurden die Daten für 1885 von den Fabrikanten zu niedrig angegeben.

Änderungen in der Produktion

Die Arbeitsweise der Sensenschmiede blieb über lange Zeit unverändert. Mit Beginn des 19. Jahrhunderts fand aber eine Reihe von bedeutenden Veränderungen statt.

Als erste Neuerung wurden nach 1800 die sogenannten Klein- oder Polierhämmer eingeführt. Das sind kleine Schwanzhämmer mit großer Schlagzahl (500 bis 600 in der Minute), die einen Ausgleich in der Dicke des Sensenblattes und als wichtigste Aufgabe eine Glättung der beim Abrichten und Spitzformen entstandenen Falten bewirken. Zwei Arbeiter wurden durch diese Neuerung vermutlich eingespart. [8]

Ab 1850 stand durch den ständig steigenden Export nach Rußland Kostensenkung im Vordergrund und war die Triebfeder für viele Änderungen.

In der Steiermark wurde schon frühzeitig die teure Holzkohle durch Stein- und Braunkohle ersetzt. In Oberösterreich standen noch keine mineralischen Kohlen zur Verfügung. Es wurden aber geschlossene Flammöfen eingeführt, die große Einsparungen an Brennmaterial ermöglichten, da sie die Wärme besser um das Arbeitsstück zusammenhielten. [9]

Die wichtigste Neuerung betraf das zur Sensenherstellung verwendete Eisen. Die ursprünglich mühevolle Arbeit des Gärbens — aus mehreren Stahlschienen mußte ein Bröckel hergestellt werden, aus dem dann die Sense geschmiedet werden konnte — wurde durch die Verwendung ganzer Bröckel aus Stahl stark vereinfacht. Voraussetzung dafür war die Einführung des Bessemer-Verfahrens in den Stahlhütten. U. a. war dadurch eine Steigerung des Tagwerkes möglich, und die Kosten konnten deutlich gesenkt werden.

1860/70 wurden auswechselbare Hammerkerne eingeführt. Die Bahn des Hammers mußte mehrmals am Tag geschliffen werden, und dazu mußte der Hammerkopf mit einem Gewicht von etwa 200 Pfund vom Halb herabgenommen und wieder befestigt werden. Darum setzte man in den Hammerkopf auswechselbare Hammerkerne aus besonders hartem Stahl ein, und dieser mußte zum Schleifen herausgeschlagen werden. Das Schleifen wurde erleichtert und beschleunigt und die Verwendung von Hammerköpfen mit 200 Kilo möglich, wodurch das Breiten viel schneller ausgeführt werden konnte. Die damals zur Einführung gelangte erhöhte Tagwerksleistung von 200 neunhändigen Sensen war somit erreichbar.[10] Anstelle der Abschaber kamen Poliermaschinen zum Einsatz.

Für die Ausbildung von Großbetrieben war die ausreichende Versorgung mit Energie eine wichtige Voraussetzung. Viele Hämmer, jeder mit einem eigenen Wasserrad, nebeneinander aufzustellen, war nur beschränkt möglich. Die Lösung bestand in zentralen Turbinenanlagen, die über Transmissionen und Treibriemen Hämmer, Schleifen etc. antrieben. Diese Technologie war natürlich kapitalintensiv und daher nur in den Großbetrieben möglich.

Geschichte der Scharnsteiner Sensenhämmer

In Scharnstein wurden fünf Sensenhämmer errichtet, und alle waren bis zum ersten Weltkrieg teils selbständig, teils als Produktionsstätten der Firma Redtenbacher in Betrieb.

Die einzelnen Sensenwerke sind:
1. Am inneren Grubbach
2. Am äußeren Grubbach
3. Ob der Almbrücke
4. Bei der Almbrücke
5. Am Niederwörth [11]

Der Sensenhammer am inneren Grubbach (gegenüber der Kotmühle)

1606 wird Abraham Plötzinger als Meister auf dieser Werkstätte genannt. Nach mehreren Besitzerwechseln erwarb der Eßmeister dieser Werkstätte, Simon Zachäus Hassenberger, 1741 den Betrieb. Von seinen 16 Kindern lebten nur mehr zwei Töchter und nach Hassenbergers Tod heiratete die ältere Tochter den Caspar Moser aus Steyrling (1783). 100 Jahre blieb danach das Werk im Besitz der Familie Moser.

Im Jänner 1881 ging das Werk in Konkurs, und der Sensenhändler Markus Holländer kaufte es. Er wurde erst im Juli 1885 mit Zustimmung des Handwerks in die Meisterschaft aufgenommen, aber im November 1887 wegen Betrugs und Markenschwindels verhaftet, zu fünf Jahren Kerker und ebenso langer Landesverweisung verurteilt. 1893 verkaufte Frau Holländer den Besitz an Ludwig Zeitlinger aus Leonstein.

Bis 1914 blieb das Sensenwerk Innerer Grubbach mit einer Erzeugung von einem Tagwerk (ca. 200 Sensen) unter der Leitung des Werkführers Max Pühringer in Betrieb. Die Kinder Ludwig Zeitlingers verkauften das Werk 1921.

Der Sensenhammer am äußeren Grubbach (auch Grünau oder Hierzenbergerwerk genannt)

Als erster Meister auf dieser Werkstatt erscheint Gottfried Eisvogl und seine Frau Katharina. Er war 1584, als er noch Eßmeister in Micheldorf war, der Erfinder der Breithämmer mit Wasserbetrieb und dürfte wahrscheinlich in Scharnstein alle neu errichteten Sensenhämmer mit besagter Neuerung eingerichtet haben.
1795 heiratete Balthasar Hierzenberger aus Micheldorf in das Werk ein und übernahm den Besitz. Ihm folgte 1844 sein Sohn Josef nach, der aber 1848 in Zahlungsschwierigkeiten geriet und den ganzen Besitz an Johann Hierzenberger aus Rottenmann verkaufen mußte. Nach dessen Tod im Jahre 1883 übernahm seine Tochter Rosalia von 1884 bis 1914 als Alleinbesitzerin das Werk. Es folgte ihre Schwester Viktoria Hierzenberger, die an Epilepsie litt, als Besitzerin nach. 1923 wurde sie wegen Geistesschwäche entmündigt und das Sensenwerk stillgelegt.
Äußerer Grubbach war ein Sensenwerk im Stil des Biedermeier, in dem sich noch die Lebensformen der alten Sensenmeister bis ins Industriezeitalter in Scharnstein erhalten hatten.

Der Sensenhammer ob der Almbrücke
(zuletzt "Geyerwerk" genannt)

Als erster Meister erscheint 1600 Hans Plötzeneder, der 1621 ganz verarmt starb. Bis 1719 blieb das Werk im Besitz von Andreas Hassenberger und seinen Söhnen. Dann erwarb Johann Kaltenbrunner aus Micheldorf das Werk, und bis 1858 gehörte es seiner Familie. Johann Geyer, Sägemeisterssohn von der Forstsäge in Scharnstein, kaufte den ganzen Besitz. Da er das Handwerk nicht gelernt hatte, wurde ihm die Meisterprüfung nachgesehen, und er wurde in den Meisterverband aufgenommen.
Verschiedene Umstände und namentlich schlechte Geschäftsjahre führten zu Zahlungsstockungen und zum Niedergang dieses Sensenhammers, der 1881 im Exekutionswege von Simon Redtenbacher, Chef der Firma "Simon Redtenbacher seel. Witwe und Söhne" in Kirchdorf, gekauft und später bedeutend vergrößert wurde.

Der Sensenhammer bei der Almbrücke

Nachdem auf den von Helmhart Jörger errichteten Sensenhämmern zwei Jahre (1587-89) gearbeitet worden war, ohne daß die K.M. Meister den rechtlichen Bestand dieser Werkstätten anerkannten, erscheint als erster redlicher Meister auf diesem Hammer Abraham Hinzinger bis zum Jahre 1606.
Sein Sohn Elias, der 1617 freigesprochen werden sollte, mußte statt zwei Lehrjahren strafweise vier Jahre durchmachen, weil sein Vater mit Wolf Hierzenberger und mehreren Knechten 1612 nach Polen ausgewandert war und dort mitgeholfen hatte, Sensenhämmer zu errichten.
Ab 1645 war Georg Hillebrandt junior der erste selbständige Besitzer der Werkstatt. Seine Familie

hielt das Werk bis 1748. Johann Pießlinger aus Pießling kam dann in Besitz des Hammers. In der zweiten Hälfte des 19. Jahrhunderts kaufte J.G. Haslinglehner den Hammer und benutzte ihn als Hilfswerk. Nach dem Konkurs Haslinglehners wurde das Wohnhaus von Max Reitzes, einem Wiener Bankier, gekauft und elegant umgestaltet. Das Hammergebäude diente eine Zeit lang als Musentempel. 1897 wurde es von der Fa. Redtenbacher als Hilfswerk erworben und mit dem Geyerhammer vereinigt.

Der Sensenhammer am Niederwörth (auch "Am Moos" genannt)

Bis 1613 war das Werk im Besitz von Helmhart Jörger, der aber Meister aufnehmen oder an sie verpachten mußte. Bis 1830 gab es eine Vielzahl von Besitzerwechsel. Johann Georg Hierzenberger, Sohn des Balthasar Hierzenberger vom Äußeren Grubbach, erwarb das ganze Anwesen. Nach dessen frühem Tod verkaufte die Witwe das Werk schließlich 1842 an Johann Georg Haslinglehner aus Ried, der nur mit Zustimmung der Meisterschaft als Meister aufgenommen werden konnte, da er kein gelernter Sensenschmied war.

Ungünstiger Geschäftsverhältnisse halber kam der ganze Besitz, den dann 1875 Dr. Harrand aus Steyr erstand, unter den Hammer. Von diesem kaufte dann Simon Redtenbacher das Werk und setzte die Hämmer wieder in Betrieb.

Nach dem Tod Simon Redtenbachers wurde der Betrieb umgestaltet und bedeutend vergrößert.

Geschichte der Firma Redtenbacher

Die Redtenbachers hatten eine jahrhundertealte Verbindung zum eisenverarbeitenden Gewerbe. Ihre Wurzeln gehen zurück bis zum Waffenschmied Simon Redtenbacher, der im 16. Jahrhundert aus Burgund nach Österreich einwanderte. Einer seiner Nachkommen gründete 1651 eine Sensenexportfirma mit Sitz in Kirchdorf an der Krems.

Da die oberösterreichischen Sensenfabrikanten trotz hoher Exportabhängigkeit keine eigene Absatzorganisation aufgebaut hatten und meistens direkt mit ausländischen Händlern ihre Geschäfte abschlossen, kam den Handelshäusern insbesondere in Krisenzeiten große Bedeutung zu. Die Firma Redtenbacher war als eine der wenigen österreichischen Handelsfirmen auf den wichtigsten Umschlagplätzen in Kiew, Moskau, Krakau, Breslau, Königsberg, Stettin usw. vertreten.

Als die oberösterreichische Sensenindustrie infolge mehrerer aufeinanderfolgender Mißernten in Rußland in den siebziger Jahren des 19. Jahrhunderts in eine tiefe Krise geriet und viele Betriebe am Rande des Ruins standen, stieg die Firma Redtenbacher auch in die Erzeugung von Sensen ein und vollzog in den folgenden Jahrzehnten einen beträchtlichen Konzentrationsprozeß. Ausgehend von einem Sensenhammer mit einer Tageserzeugung von 200 Stück konnte die Produktion bis zum Ersten Weltkrieg auf 4.000 Stück (20 Tagwerke) gesteigert werden, und zusätzlich wurden Zahn- und Blattsicheln erzeugt.

1875 erwarb Simon Redtenbacher gemeinsam mit dem Sensenfachmann Johann Bammer das darniederliegende Haslinglehnersche Sensenwerk in Scharnstein. Zu diesem Sensenhammer — auch "am Niederwörth" genannt — gehörten Sensenwerk, Mühle und die Häuser Nr. 70 und 71. Unter der Produktionsleitung von Johann Bammer wurde im Juli (Jakobi) mit der Erzeugung von 200 Sensen am Tag begonnen und diese bis 1878/79 auf 300 Stück gesteigert.

1881 wurde der Geyer-Hammer im Exekutionsweg erworben und die Tageserzeugung auf 400 Stück gesteigert.

Der Sensenexportfirma war nun eine Sensenfabrikation angegliedert. Die Fabriksunternehmen firmierten unter "Redtenbacher & Co" und die Sensenexportfirma unter "Simon Redtenbacher seelig Witwe und Söhne".

Nach dem Tod Simon Redtenbachers im Jahr 1885 übernahm der erst 24jährige Bruder seiner Frau, Friedrich Blumauer, die Leitung des Exportgeschäftes in Kirchdorf und die Sorge für die Witwe und ihre beiden unmündigen Kinder sowie nach dem Ausscheiden Johann Bammers 1890 auch die Geschäftsführung der Sensenfabrik. Blumauer wurde auch Teilhaber.

Aufgrund der guten Auftragslage wurde der Bau eines modernen Sensenwerkes in Angriff genommen. Im Mai 1890 erfolgte der Spatenstich, und im November desselben Jahres konnte der Betrieb aufgenommen werden. Das sogenannte Hauptwerk war mit einer zentralen Turbinenanlage und den erforderlichen Transmissionen ausgestattet — das Betreiben von mehreren Hämmern hintereinander war so möglich. Die Tageserzeugung wurde auf 1.200 Stück gesteigert.[12]

Durch die Vergrößerung des Betriebes wurde der Bau und Ankauf neuer Arbeiterhäuser nötig. So wurden etwa das Zrenner-Häusl, das Amering-Häusl und die Bartl-Säge angekauft oder der zum Geyerhaus gehörige Stall zu Arbeiterquartieren umgebaut. 1892 wurde ein Consumvereinslokal eröffnet. Es wurde von der Firma Redtenbacher errichtet und verpachtet.

In den folgenden Jahren wurde innerhalb der Redtenbacherschen Betriebe umorganisiert. 1892/93 wurde das Hauptwerk durch Verlegung der Riemen - Zainhämmer ins Geyer-Werk so umgestaltet, daß in der Frontlänge sieben Breithämmer eingebaut werden konnten. 1893 erfolgte auch der Bau des Paul-Werkes.

1895 wurden die Sägewerke Friedlmühle und Griessäge samt der Friedlmühler-Wehre und 1896 die zur Hofmühle gehörige Wasserkraft gekauft und 1896 mit dem Bau des Elektrizitätswerkes "Primärstation Friedlmühle" begonnen. Die elektrische Energie hielt Einzug im unteren Scharnstein — die Werksanlagen und verschiedene Wohnhäuser wurden elektrisch beleuchtet und 1897 im Sensenwerk ein elektrischer Aufzug in Betrieb gesetzt. Zur selben Zeit wurde das Hauptwerk in mehreren Etappen bedeutend erweitert und das Geyer-Werk mit dem ehemaligen Pießlinger-Werk unter ein gemeinsames Dach gebracht.

Die Erzeugung von täglich 2.000 Sensen war nun möglich.

1897 erfolgte die Errichtung eines Zahn- und Blattsichelwerkes, und im darauffolgenden Jahr wurde mit 80 Arbeitern die Produktion aufgenommen.

1897 verursachten Hochwässer im gesamten Bezirk Gmunden verheerende Schäden. Auch das Sensenwerk gehörte zu den Geschädigten — von Juli bis Oktober standen die Hämmer ohne Wasser. Zur Absicherung gegen zukünftige Hochwässer ließ die Firma Redtenbacher eine Schutzmauer auf 2.000 Piloten errichten. 1899 war eine neuerliche Betriebsausweitung erforderlich. Das Viktoria-Werk wurde gebaut und mit Breit- und Zainhämmern eingerichtet. Es konnten nun 2.400 Sensen (12 Tagwerke) pro Tag erzeugt werden.

1900 wurden die ersten Prämien für 25jährige Betriebszugehörigkeit ausbezahlt. Franz Rieneberger und Franz Ennsgraber waren die ersten Jubilare; später erhielten noch Leonhard Reichl und Lorenz Weingärtner (1905) sowie Josef Schoibl und Ambros Mitterhauser (1906) solche Prämien.

Ab 1900 erfolgte die Einführung verschiedenster Sensenformen, z.B. Gorbuschky, Schilfsensen, Türkische, Französische usw. und die Sensen wurden kunstvoll verziert.

1901 war für Scharnstein ein besonders wichtiges Jahr. Am 23. Mai wurde die Lokalbahn Sattledt-Scharnstein eröffnet. Spät aber doch gab es einen Anschluß an die Westbahn.

1906 wurden im Sensenwerk eine Schleiferei und eine Horizontalgattersäge gebaut und das Sichelwerk vergrößert und mit einer Dampfmaschine ausgerüstet. Im Oktober erfolgte der Transport der aus zweiter Hand gekauften Dampfmaschine durch den Großfuhrmann Gstettner aus Vorchdorf. Zu diesem Zweck mußte die Almbrücke verstärkt und versichert werden.

In den Jahren vor dem ersten Weltkrieg konnten schließlich 4.000 Sensen (20 Tagwerke), dazu 1.500 Blatt- und 5.000 Zahnsicheln täglich erzeugt werden.

Beschäftigte und Erzeugung der Firma Redtenbacher
1890 — 1908

Jahr	Beschäftigte		Tageserzeugung
	Sensenwerk	Sichelwerk	Sense
1890	70	-	1.200
1891	115	-	1.200
1892	115	-	1.200
1893	83	-	800
1894	120	-	1.200
1895	130	-	1.400
1896	145	-	1.400
1897	166	-	1.600
1898	190	80	2.000
1899	202	78	2.200
1900	275	92	2.400
1901	294	98	2.400
1902	266	100	2.000
1903	310	106	2.400
1904	354	111	2.600
1905	328	112	2.400
1906	316	134	2.400
1907	339	190	2.600
1908	332	153	2.600

Quellen:

1. Zeitlinger, Josef: Sensen, Sensenschmiede und ihre Technik. In: Jahrbuch des Vereins für Landeskunde und Heimatpflege im Gau Oberdonau, Bd. 91, 1944, S. 61.
2. Kropf, Rudolf: Oberösterreichs Industrie (1879-1938). Ökonomisch-strukturelle Aspekte einer regionalen Industrieentwicklung. Linz 1981, S. 37.
3. Ebd., S. 237.
4. Ebd., S. 237.
5. Ebd., S. 240.
6. Ebd., S. 239 f.
7. Ebd., S. 238.
8. Zeitlinger, S. 114.
9. Ebd., S. 115.
10. Ebd., S. 120.
11. Schröckenfux, Franz: Geschichte der österreichischen Sensenwerke und deren Besitzer. Linz/Achern 1975, S. 181. Für die folgenden Werksgeschichten vgl. S. 177 - 196.
12. Für das folgende vgl. Chronik der Firma Redtenbacher.

Andreas Resch

DER GROSSE ÖSTERREICHWEITE SEN-SENARBEITERSTREIK IM JAHRE 1908

Faßt man ins Auge, "daß die Arbeiter der zumeist in Gebirgsgegenden lebenden Sensenwerke unter den allgemeinen Theuerungsverhältnissen wenig zu leiden haben, so wird zugestanden werden müssen, daß die socialen Verhältnisse dieser Arbeiter im Vergleiche zu jenen anderer wenig zu wünschen übrig lassen. ... Nahezu ein Zehntel der Arbeiter dieser Industrie besitzt liegendes Vermögen, kleine Anwesen mit einigem Grundbesitze, und zahlreiche andere verfügen über ganz ansehnliche Ersparnisse; dies gilt natürlich insbesondere von den Vorarbeitern." [1] Zu diesem Resumé gelangte der Sekretär des Centralverbandes der Sensen-, Sichel- und Strohmessergewerken in Österreich, Dr. Gustav Maix, in einer Darstellung der "Arbeitsverhältnisse in der Sensenindustrie" im Jahr 1901.

Auch aus heutiger Sicht und im Lichte anderer zeitgenössischer Untersuchungen kann die Aussage, daß etwa zehn Prozent der Sensenschmiede um die Jahrhundertwende in relativ guten materiellen Verhältnissen gelebt haben, bestätigt werden.

Doch weniger zufriedenstellend stand es um die übrigen 90%. Weitgehende Stagnation der Löhne bei spürbar ansteigenden Verbraucherpreisen ließen Knappheit zum ständig stärker prägenden Faktor des Alltagslebens werden. Eine Erhebung bei den Sensenschmieden in Waidhofen im Jahre 1905 ergab, daß 29 der 32 dort beschäftigten Arbeiterkategorien mit ihren Löhnen unter oder nur knapp über dem Existenzminimum lagen. Nur den drei bestgestellten Arbeiterkategorien war ein Leben möglich, das nicht von der ständigen Sorge um die Sicherheit des Lebensunterhaltes überschattet war. [2]

Eine gewisse Entspannung dieser Situation brachte für viele Sensenarbeiter die Unterbringung durch die Gewerken. Viele konnten auch billig kleine Gärten pachten und mit den daraus erzielten Erträgen die Ernährungsbasis verbessern. Auf diese Angebote der Sensenherren angewiesen zu sein, bedeutete jedoch, von ihnen noch stärker abzuhängen, was besonders im Konfliktfall mit dem Arbeitgeber schwere Nachteile mit sich bringen sollte. [3]

Auf die Beziehung zu den Arbeitgebern wirkten in der Sensenindustrie noch stark die im Beitrag von Andrea Pühringer dargestellten, von den alten Zünften geprägten Regelungen nach:

"Leihkauf":

Die Arbeitskräfte wurden jeweils durch die "Anrede" für ein "Schmiedejahr" (1. Juli bis 30.Juni) engagiert. Durch die Übergabe des "Leihkaufs" (Angeld, etwa in der Größenordnung eines Monatslohns) wurde der Arbeitsvertrag rechtsverbindlich. Wollte der Arbeiter während des laufenden Jahres seinen Arbeitsplatz wechseln, so hatte er den "Leihkauf" zurückzuerstatten. Dieser hatte jedoch zumeist recht bald, aufgrund der geringen Löhne, in die Lebenshaltung einfließen müssen, sodaß der Arbeiter bald für die restliche Saison an seinen Arbeitgeber gebunden war. Erfolgte im Laufe des "Schmiedjahres" keine neuerliche "Anrede", so bedeutete dies die stillschweigende Entlassung mit Ende der Saison. 4)

"Tagwerk":
Die Dauer des Arbeitstages war in der Sensenindustrie nicht durch eine exakte Stundenangabe begrenzt, sondern durch ein zu erfüllendes Arbeitspensum, das "Tagwerk". Die Arbeitsdauer hing somit von der Kraft und Geschicklichkeit des einzelnen Arbeiters ab. Aber auch das Risiko ungünstiger Produktionsbedingungen war durch diese Regelung vom Fabrikanten auf die Arbeiter abgewälzt. Wenn zum Beispiel durch Wassermangel der Betrieb beeinträchtigt war, mußten die Schmiede häufig bis zu 15 oder mehr Stunden anstatt der vom Gesetz vorgesehenen 11 Stunden am Arbeitsplatz bleiben, um ihr Soll erfüllen zu können. Dafür erhielten sie keinerlei Mehrlohn. 5)

Das Gesamtbild der sozialen Lage der österreichischen Sensenarbeiterschaft um die Wende vom 19. zum 20. Jahrhundert stellt sich unter dem Einfluß der Zunfttradition äußerst uneinheitlich dar:
Besonders qualifizierte Sengsschmiede, die durch ihre Tätigkeit im Spitzenfeld der Sensenarbeiterhierarchie lagen, wurden recht gut entlohnt (Eßmeister, Hammerschmiede,...). Das Spektrum reichte weiter über langgediente Arbeiter, die nur wenig Geldlohn erhielten, aber die besseren Werkswohnungen und Kleingärten von den Sensenherren zur Verfügung gestellt bekamen, bis hin zu den ebenfalls schlecht bezahlten und auch schlecht "bequartierten" neuzugewanderten Arbeitern, die von ihrem Einkommen kaum den Lebensunterhalt bestreiten konnten. 6)

Die Entwicklung der Arbeiter-Interessenvertretung bis 1908

Bereits im Jahr 1893 schlossen sich die Arbeitgeber der Sensenschmiede zum "Centralverband der Sensen-, Sichel- und Strohmessergewerken in Österreich" zusammen. 7)

Vier Jahre später versammelte sich die Arbeiterschaft dieses Wirtschaftszweiges erstmals österreichweit und erst zehn Jahre später, 1903, kam es zur Gründung eines alle Kronländer umfassenden Unterstützungsvereines (mit dem Metallarbeiterverband als Dachverband). 8)

Noch stark in zünftischen Traditionen eingebunden, zögerten die Sensenarbeiter, sich in sozialdemokratischen Organisationen zu engagieren, und ihre Haltung in den gewerkschaftlichen Vereinigungen war häufig von Widersprüchen geprägt, wie sie etwa in den Standpunkten sichtbar wurden, die die Scharnsteiner Sensenschmiede auf Gewerkschaftskongressen vertraten.

So war eine alte gewerkschaftliche Forderung, daß die Löhne vierzehntägig und nicht in (oft willkürlichen) größeren Zeitabständen ausgezahlt werden sollten. In Scharnstein hatte diesen Auszahlungsmodus die Firmenleitung der Sensenfabrik von sich aus bereits Anfang der 1890er Jahre einführen wollen. Dies war jedoch am Widerspruch der Arbeiter, die lieber in längeren Intervallen einen dafür größeren Geldbetrag erhalten wollten, gescheitert. 9)

Auch am Sensenarbeiter-Kongreß 1905 in Waidhofen/Ybbs waren die Scharnsteiner Delegierten die einzigen, die von den Arbeitern beauftragt waren, gegen die Gründung eines Streikfonds zu stimmen (wegen zu hoher Belastungen für die Einzahlenden). Aber nachdem der Waidhofener Delegierte ultimativ gefordert hatte, daß der Streikfonds zu beschließen sei, auch wenn 30 der 60 Scharnsteiner Vereinsmitglieder austreten würden, wurde dieser schließlich einstimmig installiert. 10)

Einen Diskussionspunkt auf dem Kongreß bildete auch die Regelung der Arbeitsverhältnisse durch den "Leihkauf", der von den meisten Gewerkschaftsfunktionären abgelehnt wurde.

Die Scharnsteiner wollten dieses System lieber aufrecht erhalten, somit weiterhin bei Antritt des Arbeitsverhältnisses eine bindende Geldsumme kassieren, als es auf gefährliche Änderungen dieser Gegebenheiten anzulegen und dabei womöglich nur das Angeld zu verlieren, ohne wirkliche Verbesserungen zu erreichen. 11)

Trotz alledem ging (auch bei den Scharnsteinern) die Entwicklung weiter in Richtung einer an den kapitalistischen Produktionsverhältnissen orientierten Gewerkschaftspolitik. Die entscheidende Wende vor dem Streik im Jahre 1908 kam Ende 1907 durch den Beschluß, den eigenen Unterstützungsverein mit dem sozialdemokratischen Metallarbeiterverband zu verschmelzen 12) und von den Gewerken den Abschluß eines Kollektivvertrages für alle Sensenarbeiter zu verlangen.

Zur Erstellung eines von möglichst Vielen mitgetragenen Forderungskataloges hielt man in allen Zentren der Sensenproduktion Versammlungen ab, bei denen über die Gestaltung des Vertragsentwurfes beraten wurde. In Scharnstein fand diese Sitzung am 19. Dezember 1907 statt. Sie war ein großer propagandistischer Erfolg; 25 Arbeiter traten an diesem Abend dem Verein als neue Mitglieder bei. 13)

Im Kollektivvertragsentwurf, den man noch im Dezember 1907 dem Centralverband der Sensen-, Sichel- und Strohmessergewerken vorlegte, forderte man unter anderem: 14)

* Vereinheitlichtes "Normaltagwerk".
* Begrenzung der täglichen Arbeitszeit auf zehn Stunden.
* Übernahme des Risikos durch den Unternehmer, durch äußere Umstände (Wassermangel) an der Erfüllung des Tagwerkes gehindert zu werden.
* Mindestlohn von 66 Kronen für die niedrigst bezahlte Arbeiterkategorie ohne Freiwohnung.
* vierzehntägige Lohnauszahlung.
* Abschaffung von "Anrede" und "Leihkauf".
* Arbeitsverträge mit vierzehntägiger Kündigungsfrist.
* Anerkennung der Vertrauensleute.

Darüberhinaus unterbreitete man ausführliche Vorschläge bezüglich Mindeststandards der Arbeiterunterkünfte.

Ablehnung der Forderungen und Beginn des Arbeitskampfes

In einer Generalversammlung des Centralverbandes der Sensen-, Sichel- und Strohmessergewerken in Österreich, in der man über die Vorlage des Metallarbeiterverbandes beriet, kamen die anwesenden etwa 30 Sensenherren überein, sich nicht auf Verhandlungen einzulassen.
In einem Rundschreiben vom 20. Dezember 1907 wurde dieser Beschluß allen Centralverbandsmitgliedern mitgeteilt. Man argumentierte, daß ein Verband, dem nur ein Teil der entsprechenden Arbeiter angehörte, nicht für alle sprechen könne, somit kein Verhandlungspartner sei. Den Konflikt vorausahnend, wurden die Sensengewerken aufgefordert, jene Arbeiter der Zentrale zu melden, die das Arbeitsverhältnis nicht ordnungsgemäß lösten, d.h. streikten. Sie sollten registriert und in Hinkunft davon ausgeschlossen werden, einen Arbeitsplatz in ihrem gelernten Beruf, der Sensenerzeugung, erlangen zu können. 15)
Den Arbeitern wurde der Inhalt dieses geheimen Cirkulares bekannt. Mit großer Empörung berichtete die gewerkschaftliche Verbandszeitung "Österreichischer Metallarbeiter" (ÖMA) von den Plänen, streikende Arbeiter mit einem faktischen Berufsverbot zu belegen. 16) Im ÖMA erfolgte schließlich am 16. Jänner 1908 der Aufruf zum Streik:
"Die Herren Gewerken sind sehr schlecht beraten, wenn sie vermeinen, sie hätten es mit den alten "Sengsschmiedknechten" von Anno dazumal zu tun. Von den zirka 2.500 Sensenschmieden sind über 60 Prozent im Verband der Metallarbeiter organisiert, woraus sich die Legitimation des Metallarbeiterverbandes zur Führung von Verhandlungen von selbst ergibt."
Und da diese von den Sensengewerken abgelehnt worden waren, schrieb man weiter: "Die Sensenschmiede müssen nun ... die Gewerken ... durch die Arbeitseinstellung zu Zugeständnissen nötigen. Der Kampf wird hart werden ... Doch alle Brutalität und Scharfmacherei der Gewerken wird zerschellen an der unbeugsamen Entschlossenheit der Arbeiter, den Sieg zu erringen." 17)

Auch auf Unternehmerseite war man nicht untätig. Bereits in einem Rundschreiben vom 23.November 1907, also noch lange, bevor die Arbeiter irgendwelche Forderungen überreicht hatten, ja bevor sie diese erarbeitet hatten, wurde den Mitgliedern des Centralverbandes empfohlen, eine sogenannte Streikklausel (keine Haftung für Lieferungsausfälle durch Streik) in die Lieferverträge einzubauen, um nicht durch etwaige streikbedingte Auslieferungsstockungen zusätzlich zu den Produktionsausfällen auch noch Pönale für nicht eingehaltene Lieferfristen zahlen zu müssen. 18)

In Cirkularen vom 15., 16. und 18. Jänner 1908 wurde dann die Strategie, wie man möglichst effektiv gegen die streikenden Arbeiter vorgehen wollte, festgelegt und den einzelnen Unternehmern bekanntgegeben. Beraten durch Dr. Kaiser von der "Hauptstelle Österreichischer Arbeitgeber-Organisationen", Wien, beschloß man unter anderem:

* Verpflichtung der Gewerken, den Centralverband über das jeweilige Geschehen stets zu informieren.
* Strafanzeige gegen alle Streikenden wegen Bruches des Arbeitsvertrages (§ 85 Gewerbeordnung).
* Räumungsklage und Delogierung der Arbeiter in Werkswohnungen (im Winter sicher eine äußerst demoralisierende Maßnahme).
* Einbehaltung eventueller Lohnrückstände.
* Kostenpflichtige Deponierung der Arbeitsbücher bei den jeweiligen Bezirksgerichten.
* Bemühungen um möglichst weitreichende Unterstützung durch die Behörden. [19]

Trotz dieser Sanktionen war bis Ende Jänner in einem großen Teil der Betriebe die Arbeit eingestellt, und im Laufe des Februar gab es nur noch zwei kleine Werke, die nicht vom Streik betroffen waren. [20]

Änderungen der Taktik am Höhepunkt des Arbeitskampfes und weiterer Verlauf des Streiks

Der Bericht im Österreichischen Metallarbeiter vom 13. Februar schildert die Situation am Höhepunkt des Streiks:
"Der Streik kann ruhig als Generalstreik bezeichnet werden. Die Produktion während des Streiks ist kaum ein Hundertstel der normalen Produktion und davon kommt der größte Teil auf einige ganz kleine Werke, darunter auch auf eines, in dem zwischen den Arbeitern und dem Gewerken, einer Witwe, bereits ein Abkommen getroffen wurde. Die Stimmung der Streikenden ist allerorts die beste... Mit Ausnahme von Waidhofen, wo die Christlichsozialen immer noch den Kämpfenden in den Rücken fallen, streiken überall auch die Christlichsozialen. ... Alles in allem zählen wir 42 Streikbrecher in 56 Betrieben - von etwa 2800 Arbeitern. Die Älpler können stolz sein, daß sich nicht mehr als anderthalb Prozent Schufte unter ihnen befinden. Hoch die Solidarität!" [21]

Der Autor dieses Artikels dürfte allerdings, um unter den Streikenden Optimismus zu verbreiten, die Streikbeteiligung etwas zu hoch dargestellt haben.
Die von den Gewerken gesetzten Maßnahmen verfehlten nicht ihre Wirkung. Die streikenden Arbeiter trugen schwer an der Last der Delogierungen und der Ungewißheit über ihr weiteres Schicksal.

Darüber hinaus zeigte sich ein weiterer, nicht beabsichtigter Effekt: kleine, kapitalschwache Sensenproduzenten drohten den Gewinnausfall durch die Produktionsstockung nicht überstehen zu können, so daß abzusehen war, daß der Streik einen weiteren Konzentrationsschub in der Sensenindustrie mit sich bringen würde. 22) Bei einer Arbeiterversammlung Mitte Februar in Wien wurde beschlossen, die Forderung nach einem Kollektivvertrag aufzugeben. Die jeweiligen Arbeitervertreter sollten in Einzelverträgen, "die nur das beinhalten sollten, was in den betreffenden Betrieben zu fordern notwendig war" 23), die bestmöglichen Verhandlungsergebnisse zu erreichen versuchen.

Bei einer Generalversammlung ebenfalls in Wien hatten die Gewerken am 2. Februar 1908 beschlossen, daß kein streikender Arbeiter bei einem anderen als seinem ursprünglichen Sensenherrn eingestellt werden durfte, daß jeder Sensenschmied nur durch bedingungslose Unterwerfung unter den Unternehmer, bei dem er zu streiken gewagt hatte, wieder zurück in den Arbeitsprozeß zu gelangen vermögen sollte. 24)

Mit einem Rundschreiben an die Mitglieder reagierte der Centralverband am 19. Februar 1908 auf das Angebot der Streikenden, individuell in den einzelnen Betrieben zu verhandeln. Man warnte die Gewerken: "Diese Änderung der Taktik ist einerseits ein offenbarer Rückzug, andererseits nur darauf gerichtet, die bisherige Solidarität der Herren Gewerken zu brechen." 25)

Um dem entgegenzuwirken, wurden die Mitglieder des Centralverbandes vergattert, bei eventuellen Verhandlungen stets die Centrale des Sensengewerkenverbandes am laufenden zu halten und als Bedingung zu stellen, daß "in allen Werken gleichzeitig die Arbeit bedingungslos wieder aufgenommen werden müsse ... Erst dann werde (im) ... Verbande entschieden werden, ob und was den Arbeitern zugestanden werden kann." 26)

Damit wurde erstmalig auch von den Gewerken eine Gesprächsbereitschaft mit den Streikenden in Aussicht gestellt.

Durch die Aussperrung aller Arbeiter, bis in jedem einzelnen Betrieb die Streikenden eingelenkt hätten, sollten zur Aufgabe entschlossene und noch streikwillige Arbeiter gegeneinander aufgebracht werden.

Doch auch auf Unternehmerseite hielt die beschworene Einheit nicht in vollem Ausmaße. Wohl deuten die Cirkulare des Centralverbandes vom 24. und 31. März 1908 darauf hin, daß das Solidaritätsabkommen der Sensengewerken, nicht durch eine individuelle Einigung mit den Arbeitern die Produktion vor den anderen wieder aufzunehmen, vorläufig gehalten hat. 27) Doch Vereinbarungen für den Fall einer allgemeinen Produktionsaufnahme gab es durchaus. Das heißt, es wurde nicht allgemein die vom Verband der Sensengewerken vorgegebene Linie eingehalten, die Wiederaufnahme der Produktion nur für den Fall in Aussicht zu stellen, daß sich die Arbeiter bedingungslos unterwerfen, sondern es wurde vielerorts eine zumindest teilweise Erfüllung der Arbeiterforderungen in Aussicht gestellt.

Und noch im März überraschte die Judenburger Firma Foest und Fischer die Gewerken durch eine Beendigung des Konfliktes mit den Arbeitern. Obwohl sie vor dem Streik bereits überdurchschnittliche Löhne gezahlt habe, sei eine Erhöhung derselben und eine Verkürzung der Arbeitszeit erreicht worden, lobt der Österreichische Metallarbeiter diese Einigung, die "dem Kampf der Sensenarbeiter eine andere Wendung gegeben" habe. [28] Der mit Foest und Fischer ausgehandelte Vertrag wurde schließlich, wenn schon kein Kollektivvertrag, so doch ein allgemein beachteter Rahmen für die regionalen Tarifverhandlungen, die in der Folge einsetzten. In einem Rundschreiben vom 24. März 1908 legt der Centralverband den Sensengewerken sogar ausdrücklich nahe, im Rahmen des Judenburger Abkommens Abschlüsse mit den Arbeitern zu tätigen. In der Zwischenzeit war die Wiener Hauptstelle Österreichischer Arbeitgeber-Organisationen mit dem Metallarbeiterverband übereingekommen, daß dieser die Lohnkomitees in den einzelnen Werken ebenfalls anweisen sollte, sich mit Vereinbarungen in diesem Ausmaß zufrieden zu geben. [29]

Und tatsächlich begann nach dieser Einigung der zentralen Organisationen eine Welle von Abschlüssen in den einzelnen Werken. Bereits am 31. März konnte der Centralverband den Betriebsbeginn in den stillgelegt gewesenen Werken mit 3. April 1908 avisieren. [30]

Auch im Werk des Präsidenten des Centralverbandes der Sensengewerken, Pötsch, in Randegg, kam es noch im März zur Einigung mit den Arbeitern. [31]

Doch der Streik war damit keineswegs vollständig beendet. In den folgenden Ausgaben der Metallarbeiterzeitung findet man noch ständig Berichte von weiteren Einigungen, und in der Rubrik "Zuzug ist fernzuhalten" wurden noch bis Juli Sensenfirmen genannt, die wegen laufender Arbeitskämpfe zu boykottieren waren.

Einige der bestreikten Firmen legten offenbar keinen Wert mehr auf eine Einigung mit den Arbeitern, denn das Sensengeschäft wies starke saisonale Schwankungen auf, und für das laufende Schmiedjahr schien es manchen Gewerken nicht mehr lohnend, Arbeiterforderungen zu erfüllen, um die Produktion wieder aufnehmen zu können.

Vielfach hatte man auch mit Streikbrechern und aus anderen Branchen abgeworbenen Arbeitskräften die Produktion zumindest teilweise aufrechterhalten können.

Der Sonderfall Scharnstein

Die Struktur der Sensenindustrie im Almtal im Jahr 1908 spiegelt die generellen Entwicklungstendenzen dieses Produktionszweiges in den vorhergehenden 30 Jahren wider.

Direkt im Ort Scharnstein bestand die große Sensenfabrik "Redtenbacher & Co.", die durch Aufkauf kleiner Sensenhämmer und deren Markenrechte, verbunden mit einer Rationalisierung der Erzeugung in neuerbauten Produktionsstätten geschaffen worden war. [32]

Weiter taleinwärts in Richtung Grünau arbeiteten

noch zwei kleine Sensenhämmer, das Werk Innerer Grubbach, das 1893 vom Leonsteiner Sensengewerken Ludwig Zeitlinger aufgekauft worden war, und das Werk Äußerer Grubbach, das von 1884 bis 1914 von seiner Besitzerin, der Witwe Rosalia Hierzenberger, geführt wurde. Beide Hämmer wiesen nur eine Produktionskapazität von einem Tagwerk auf, erzeugt von jeweils knapp 20 Arbeitern. [33] Diese Werke hatten wirtschaftliche Probleme und zahlten auch recht geringe Löhne. [34]

Besser war die Situation für die Werktätigen im Redtenbacherschen Werk. Im Sinne einer typischen patriarchalischen Unternehmenskultur wurden in der Scharnsteiner Sensenfabrik zur Erhaltung einer Stammarbeiterschaft für die reibungslose Produktion humanere Bedingungen geschaffen, als sie in den meisten kleinen Schmieden herrschten. Die neuerbauten Arbeiterwohnhäuser (mit Badehaus und Lesezimmer) boten menschenwürdige Unterkunft,[35] und auch in Lohnfragen herrschten günstigere Zustände, als sie etwa die bereits angeführte Untersuchung in Waidhofen im Jahr 1905 ergeben hat, wo an die 90% der Sensenarbeiter im wahrsten Sinne des Wortes Hungerlöhne bezogen.

Etwaige Ansprüche der Arbeiterschaft auf innerbetriebliche Mitbestimmung, gewerkschaftliche Organisierung und Einschränkung der Autonomie des Unternehmers, Löhne und Arbeitsbedingungen vorzugeben (Kollektivvertrag), paßten nicht in dieses Konzept von Betriebsführung.

Daß die Firma Redtenbacher mit der Hintanhaltung der Gewerkschaftsbewegung im Betrieb recht erfolgreich gewesen war, zeigt die bereits angeführte, jeweils besonders ausgeprägte Zurückhaltung der Scharnsteiner Arbeitervertreter bei diversen Sensenarbeiterkongressen in den Jahren vor 1908. Andererseits setzte die Scharnsteiner Arbeiterschaft bereits im Jahr 1906 einen Akt gewerkschaftlicher Solidarität. Damals standen die im Waidhofener Sensenwerk Winkler Beschäftigten im Ausstand. Als nun die dortige Betriebsführung wenigstens die Erzeugung von sogenannten "Mustersensen" während des Streiks nach Scharnstein auslagern wollte, weigerten sich hier die Arbeiter, diese Aufträge auszuführen. [36]

Nach den erwähnten Ereignissen um die Jahreswende 1907/08 begann auch in Scharnstein am 19. Jänner die Streikbewegung der Sensenarbeiter. An diesem Tag erklärten die sozialdemokratischen Funktionäre Franz Hönikl und Anton Köck der Firma Redtenbacher den Beginn des Arbeitskampfes,[37] und auch die christlichsozial orientierten Sensenschmiede im Zeitlingerschen Werk Grubbach traten in den Ausstand. (Von der Schmiede der Frau Hierzenberger liegen keine Nachrichten über eine Arbeitsverweigerung vor).

Zwischen den streikenden Arbeitern im Redtenbacher-Werk und in Grubbach kam es jedoch zu keinerlei Aktionseinheit. Ganz im Gegenteil: Der christlichsoziale Gewerkschaftsfunktionär Kletzmayr reiste unmittelbar nach dem Ausbruch des Ausstandes zu den seiner Bewegung nahestehenden Streikenden nach Grubbach. Unter seiner Anleitung schrieben die dortigen Arbeiter-Vertrauensmänner bereits am 28. Jänner (eine Woche nach Streikbeginn) an ihren Sensenherren Ludwig Zeitlinger nach Leonstein. In diesem Brief distanzierten sie sich entschieden vom Metallarbeiterverband, von dessen Forderung nach einem Kollektivvertrag für alle Sensenarbeiter und forderten nur eine geringe Lohnerhöhung sowie eine Rücknahme einiger von Ludwig Zeitlinger angekündigter weiterer gegen die Arbeiterschaft gerichteter Maßnahmen. 38)

Zu dieser Zeit verfolgten die Sensengewerken noch die Strategie, sich nicht mit streikenden Arbeitern zu einigen. So mußte sich Ludwig Zeitlinger beim Centralverband der Sensen-, Sichel- und Strohmessergewerken rechtfertigen, da dessen Funktionäre den Eindruck gewonnen hatten, bei Zeitlinger in Grubbach bahne sich ein Abkommen mit den Arbeitern an. 39)

In einem Schreiben an den Centralverband vom 5. März 1908 gab der Gewerke an, daß ihm tatsächlich eine baldige Einigung mit seinen Grubbacher Schmieden möglich erscheine. Er verteidigte diese Annäherung mit dem Hinweis, daß er vom christlichen Gewerkschafter Kletzmayr informiert worden sei, die Arbeiter wären auch mit der Hälfte des Geforderten zufrieden, somit ergebe sich in seinem Werk ein Abschluß, der noch immer weit unter dem Lohnniveau liege, das in den meisten anderen Sensenschmieden vor dem Streik geherrscht habe. 40)

Tatsächlich war dann diese Zeitlingersche Sensenschmiede das erste Werk in Oberösterreich, in dem es zu einer Einigung kam (Anfang April 1908) 41), doch waren die von den Arbeitern erzielten Erfolge (wie von Zeitlinger bereits angedeutet) äußerst bescheiden: Löhne von 50 bis 135 Kronen/Monat und kein Leihkauf, den es in diesem Betrieb auch vor dem Streik nicht gegeben hatte. 42)

Einen gänzlich anderen Verlauf nahm die Entwicklung im Werk der Firma "Redtenbacher & Co.".
Bis 1905 traten 60 Arbeiter der Metallarbeitergewerkschaft bei 43); allein während einer Gewerkschaftsversammlung Ende 1907 schlossen sich weitere 25 Arbeiter der Organisation an. Für 1908 ist demnach die Anzahl der sozialdemokratisch organisierten Arbeiter auf knapp 100 zu schätzen. Dennoch beteiligte sich schließlich nicht einmal ein Drittel der Arbeiterschaft am Streik.

Der Wiener Sozialreporter Max Winter hat die Streikenden Anfang Februar 1908 besucht und in einem eindrucksvollen (hier nur wenig gekürzt wiedergegebenen) Bericht seine Eindrücke niedergeschrieben: 44)

"Bei den sozialpolitischen Gewerken, Scharnstein, 1. Februar.

... Die Firma Redtenbacher und Ko. läßt sich in dem vom Arbeitsstatistischen Amt herausgegebenen Bande über Wohlfahrtseinrichtungen österreichischer Unternehmer in jedem Kapitel von neuem das Zeugnis ausstellen, daß ihre Inhaber die einzigen österreichischen Sensengewerke sind, die auch wirklich sozialpolitische Einrichtungen haben. In Scharnstein ist nach diesen Berichten alles zum besten bestellt, die Sengsschmiede haben anständige Wohnungen, Tagräume, auch ein Lesezimmer, ja sogar ein Bad steht ihnen zur Verfügung. Auch die

Verheirateten haben anständige Wohnungen. Die Einrichtungen dieses weißen Raben unter den Sensengewerken zu schildern, hielt ich um so mehr für ein Gebot der Objektivität, als auch die vorher eingeholten Erkundigungen bei den Arbeitern darüber das relativ Beste zu sagen wußten. Ich kam also, vom Unternehmerstandpunkt aus gesprochen, keineswegs in feindlicher Absicht in den freundlichen Markt im Almtal, wohin einen die schon unerlaubt langweilige Welser Lokalbahn bringt. Aber ich wurde doch als Feind behandelt. Vormittags hatte ich mit den Betriebsleitern eine lange Debatte in der Werkskanzlei und nachmittags bekam ich in eine Bauernstube, in der ich mit den Sensenarbeitern eine prächtige Versammlung abhielt, folgenden Absagebrief:

Euer Wohlgeboren!
Wir halten Ihren Besuch in der gegenwärtigen Zeit für nicht geeignet und werden ja Ihre Gesinnungsgenossen über unsere Wohlfahrtseinrichtungen Ihnen ohnehin schon genaue Auskunft erteilt haben.
Achtungsvoll
Für Redtenbacher u. Ko.: Weinmeister.

Ich hatte nichts anderes erwartet. ... Nehmen wir übrigens an, die Wohlfahrtseinrichtungen bei Redtenbacher u. Komp. seien die besten. Um so schlimmer wird der Eindruck, den man aus Scharnstein davonträgt, wenn man hört und sieht, wie brutal der Unternehmer diese Wohltaten mißbraucht, um die Arbeiter mürbe zu erhalten oder mürbe zu machen. Redtenbacher u. Komp. erfüllen das taktische Programm, das ihnen von Herrn Dr. Kaiser vorgeschrieben ist, getreulich bis zum letzten Punkt. Sie haben nicht nur alle streikenden Arbeiter aus den Wohnungen gewiesen, sie setzten auch alle Mittel in Bewegung, ihnen auch anderswo Wohnungen abzutreiben. Von dem Spengler Janowetz wird erzählt, daß er einem Arbeiter die Wohnung gekündigt habe, weil er streikt. Die Gemeindevertretung soll schon über die Ausweisung der nicht ortszugehörigen Streikenden beraten haben, die Kantine für die ledigen Arbeiter des Werkes ist gesperrt, und damit auch bei den Verheirateten durch Aushungern der Widerstand gebrochen werden soll, ist für die Streikenden der Werkskonsum gesperrt.

In der Vorhalle der Werkskanzlei stehen Gendarmen mit aufgepflanztem Bajonett, und an der Anschlagtafel der Gemeinde stehen die Kundmachungen der Werksdirektion an die Streikenden. Kein Streikender darf das Werk oder eine Werkswohnung betreten. ...

Das ist die Peitsche und daneben hängt für die Arbeitswilligen das Zuckerbrot: Die Aufforderung, sich zur Arbeit zu melden, wenn sie wollen, daß ihnen "für diesesmal gnadenweise der Abzug des verwirkten Darangeldes nachgesehen werden soll. Wer weiter streikt, möge sich sein Geld auf dem Bezirksgericht Gmunden holen." Nur jene, die zu Kreuz kriechen, können ihren verdienten Lohn in der Werkskanzlei beheben. Wie wir die Scharnsteiner Arbeiter kennen, pfeifen sie auf diese Gnade. Aber ganz ohne Erfolg blieben die Gewaltmaßregeln der Firma nicht. Die Hälfte der Arbeiter beugt sich gegenwärtig noch knirschend dem harten Joch. Daß sie den regelrechten Betrieb nicht aufrecht erhalten können, wird den Chef der Firma, Herrn Blumauer, ja schmerzlich berühren, aber es wird ihn, der sich auf den ganzen Apparat des Herrn Kaiser eingerichtet hat, kaum bestimmen, die so billigen Forderungen der Arbeiter, die ihn ja nur zum Teil treffen, zu erfüllen. Er hat sich in diesen Tagen als zu gelehriger Schüler der Scharfmacher erwiesen, und es ist anzunehmen, daß er eher lauter "Abeisen" erzeugen, als daß er so schnell den Wünschen der Arbeiter Rechnung tragen wird.

... Einigen Spaß macht den Streikenden auch das Wirken eines christlichsozialen Agitators, eines Herrn Kletzmaier, der sich so lange im Almtal herumtrieb, bis ihm der Boden doch zu heiß wurde. Daß das Werk doch nicht vollständig ruht, ist zum Teil die Arbeit dieses "Arbeiterführers", und er mag stolz darauf sein, daß er seinen Teil beigetragen hat, den Streikenden in den Rücken zu fallen.

Im Streik stehen gegenwärtig einige sehr wichtige Kategorien: Die Spitzformer, die Grau- und Blauhämmerer, die Sand- und Feinpolierer, die Härtner und Richter. Fertiggemacht kann also keine einzige Sense werden, auch dann nicht, wenn noch zehn Kletzmaiers in das Tal kommen. Seit dem 20. Jänner währt der Streik, und seither wurde noch keine Sense abgeliefert. Das ist ein Betriebsgeheimnis, das Herr Blumauer vor den Arbeitern nicht verhüllen kann, und sie sehen darin den großen Erfolg ihres Streiks. Die Arbeiter können warten und ruhig zusehen, wie der Firma der Platz für die halbfertigen Sensen zu klein wird.

Schon heute wissen die Herren nicht mehr, wohin sie mit den Sensen sollen.

Mit einer anderen Maßregel, mit der, die Herrn Blumauer als die empfindlichste erscheinen mochte, hat er sich verrechnet. Er drohte auf dem Umweg über die Eggenberger Brauerei den Pächtern dieser Brauerei, daß ihnen die Pacht gekündigt werde, wenn sie Streikenden ihre Gasthäuser für Versammlungen zur Verfügung stellen. Namentlich die "Hofmühle" sollte dadurch den Arbeitern entzogen werden. Dort ist ein schöner Saal, und den hätten die Arbeiter für ihre Versammlungen benützen können. Durch die Drohung war der abhängige Pächter gezwungen, den Arbeitern den Saal zu verweigern. Auch kein anderes Gasthaus in Scharnstein, natürlich auch nicht die Schloßtaverne, die dem Stift Kremsmünster gehört, steht den Arbeitern zu Versammlungen frei. Aber die Arbeiter wußten auch diesen Schlag zu parieren. Am Ende des Marktes steht auf einsamer Höhe ein Bauernhaus. Von rechts herüber grüßt der Mitterkogel, und zur Linken hält der Hohe Salm Wacht. Mitten drin das einsame Bauernhaus ... Dieser Keuschler ist ... seit Jahren überzeugter Sozialdemokrat. Bei ihm finden also die streikenden Sengsschmiede ihr Heim und obendrein ein Heim, in dem sie nicht gezwungen sind, durch Alkoholgenuß ihr klares Denken trüben zu lassen ... "

Bezüglich der Stärke der Streikbewegung hat Max Winter in seinem Artikel wohl etwas dicker aufgetragen, als es der tatsächlichen Realität entsprochen haben mag. Nicht die Hälfte der 364 Arbeiter bei Redtenbacher traten in den Ausstand, sondern nur etwa 95 von ihnen. [45] Auch zur Behauptung, daß es der Firma unmöglich gewesen sei, weiter Sensen fertigzustellen, stehen die firmeninternen Aufzeichnungen im völligen Widerspruch. Sicher ist es richtig, daß die Betriebsleitung durch den Ausfall von Facharbeitern vor Probleme bezüglich der Weiterführung der Produktion gestellt wurde. Immerhin traten 22 Richter, 10 Sandpolierer, 14 Feinpolierer, ... in den Ausstand.[46] Doch laut Werkschronik konnte stets ein erstaunlich hohes Produktionsniveau beibehalten werden. Offenbar bewährten sich die angewandten Strategien zur Aufrechterhaltung der Erzeugung. Man warb etwa Arbeitskräfte aus der Landwirtschaft an. Außerdem beteiligten sich die Lehrlinge, die man wohl auch für qualifizierte Arbeiten heranziehen konnte, geschlossen nicht am Streik. [47]

Mitentscheidend für die Weiterführung der Produktion war die Tatsache, daß sich wie in vielen anderen Sensenwerken auch in Scharnstein die höchsten, bestgestellten Arbeiterkategorien, wie Eßmeister und Hammerschmiede, nicht am Streik beteiligten. Speziell die Eßmeister, deren besondere Qualifikation darin bestand, daß sie alle Arbeitsschritte zur Erzeugung einer Sense beherrschen mußten, waren befähigt, hierbei eine wesentliche Rolle zu spielen. So gelang es der Firma, die vor dem Streik mit 364 Arbeitern eine Tagesproduktion von 2.600 Stück Sensen bewältigt hatte, auch nach Streikbeginn mit den verbleibenden 267 Arbeitern bis 27. Februar immer noch 1.600 Sensen pro Tag zu erzeugen. Bis 20. April 1908 konnte die Produktion allmählich wieder auf 2.400 Stück pro Tag (nur noch 200 weniger als vor dem Streik) erhöht werden. Auch die Zahl der Arbeiter stieg wieder auf 320 an. [48]

Neben den von Max Winter dargestellten Maßnahmen von Unternehmerseite gegen die Streikenden hat vor allem diese geringe Effizienz der Arbeitsverweigerung und das Bangen um die weitere berufliche Zukunft an der Bereitschaft der Streikenden zur Weiterführung des Arbeitskampfes gezehrt. Verschärft wurde dieser Nervenkrieg von den Gewerken dadurch, daß sie Plakate affichierten, die den Streikenden androhten, bei längerer Dauer ihres Ausstandes durch neuangeworbene Arbeiter aus der Sensenindustrie verdrängt zu werden. [49]

Vereinzelt kam es trotz verstärkter Gendarmerie-Präsenz zu Tätlichkeiten zwischen streikenden und nicht streikenden Sensenarbeitern, etwa zu einem Steinwurf gegen einen arbeitenden Christgewerkschafter in der Nacht vom 25. zum 26. Oktober. [50]

Ab Ende März begann die christliche Gewerkschaft der Metallarbeiter Sitzungen abzuhalten, in denen unter anderem der bereits mehrfach erwähnte Herr Kletzmayr gegen die streikenden Sozialisten aggressiv Stellung bezog, und in denen jeweils vor allem der Vertretungsanspruch der christlichen

Gewerkschaft für die Metallarbeiter betont und die diesbezügliche Befugnis der sozialdemokratischen Organisation bestritten wurde. [51]

Diese Bestrebungen zeitigten den Erfolg, daß 12 der am 20. Februar in den Ausstand getretenen Arbeiter wieder in der Fabrik zu arbeiten begannen. Als Verräter wurden sie namentlich im Österreichischen Metallarbeiter angeprangert. Hier versuchte man auch durch die Feststellung, die Firma Redtenbacher hätte von den umliegenden Bauern zu deren Schaden Arbeiter abgeworben, den Sensengroßbetrieb zu diskreditieren. [52]

Aber auch solche Versuche, die Scharnsteiner Streikbewegung doch noch zu aktivieren, erbrachten wenig. Die Firmenleitung erhöhte für die in Arbeit gebliebenen Personen Anfang Mai die Löhne um 10 bis 15% [53], doch zu irgendwelchen Zugeständnissen den Streikenden gegenüber kam es nicht. Als ab 20. April 1908 die Produktion wieder auf 2.400 Stück Sensen pro Tag und der Arbeiterstand auf 320 erhöht wurde, vermerkte dazu das Unternehmen: "Am 20. April 1908 wurde dieser partielle Streik als beendet betrachtet." [54]

Damit gehörte die Firma " Redtenbacher & Co. " zu jenen Sensenunternehmen, die im Österreichischen Metallarbeiter bis zum 16. Juli 1908 als von Arbeitern zu meidende Betriebe bezeichnet wurden. Konkrete Folgen hatte aber dieser Ausgang des Arbeitskampfes sicher in stärkerem Ausmaße für die mehr als 70 Arbeiter, die so wie viele andere dem Centralverband der Sensen-, Sichel- und Strohmessergewerken Österreichs als Streikende gemeldet worden waren. Von ihnen war aber dann keine weitere Nachricht, daß sie im Rahmen einer Einigung wieder ein bereinigtes Verhältnis zu den Arbeitgebern erlangt hätten, eingetroffen. Sie hatten laut ursprünglicher Androhung von Seite der Arbeitgeber eine Beschränkung ihrer beruflichen Möglichkeiten während der nächsten Jahre zu befürchten.

Der Streik und weitere Entwicklungen in der Sensenbranche

Bereits Mitte Februar 1908 hatte die Streikleitung auf die anfängliche Hauptforderung, einen einheitlichen Kollektivvertrag für alle Sensenarbeiter mit den Arbeitgebern auszuhandeln, verzichtet. Die dann tatsächlich erzielten Ergebnisse sind recht unterschiedlich ausgefallen, einige durchgehende Tendenzen sind aber zu erkennen:

Recht erfolgreich war der Arbeitskampf in punkto Lohnerhöhungen. In den meisten Fällen wurden die im Kollektivvertragsentwurf vom Dezember 1907 geforderten Sätze erreicht (es gab vereinzelt jedoch erhebliche Abweichungen nach unten, etwa das bereits angeführte Ergebnis in Grubbach).

Auch die geforderte zweiwöchige Lohnauszahlung konnte häufig durchgesetzt werden.

Die Abschaffung der Verleihkaufung der Arbeiter war verlangt worden, da durch diese Form des Arbeitsvertrages der Arbeitnehmer jeweils auf ein Jahr einem bestimmten Dienstherren auf Gedeih und Verderb verschrieben war. Aber auch für die Arbeitgeber boten in Zeiten, da das Wirtschaftsleben nicht mehr durch starre Zunftstrukturen geregelt war, wie noch wenige Jahre zuvor, flexiblere Lösungen durchaus Vorteile, so daß auch in diesem Punkt weitgehende Übereinstimmung erzielt wurde und fast überall Arbeitsverträge mit vierzehntägiger Kündigungsfrist üblich wurden.

Die Erfüllung von Forderungen, wie Anerkennung von Vertrauensmännern und die Respektierung des 1. Mai als Arbeiterfeiertag, Forderungen, mit deren Erfüllung eine Präsenz gewerkschaftlicher Organisierung im Betrieb verknüpft war, konnten nur in Ausnahmefällen durchgesetzt werden. Auch das Relikt aus Zeiten zünftischer Organisation, die "Wandertage" (während denen die Sensenschmiede zu Beginn eines neuen Schmiedejahres zu einem anderen Sensenherren gezogen waren), wurden nur in den wenigsten Fällen durch den geforderten achttägigen bezahlten Urlaub ersetzt.

Sehr unterschiedlich und häufig unbefriedigend fielen auch die erzielten Zugeständnisse bezüglich einer Verbesserung der von den Sensenherren gebotenen Wohnmöglichkeiten aus. [55]

Die Verbandszeitung der Metallarbeiter resumiert, daß nach dem Streik für die Arbeiter viel zu wünschen übrig geblieben sei:

"Aus den alten Sengsschmieden, aus den Schmiedknechten von gestern sind moderne Arbeiter geworden, denkende Menschen, welche die ökonomischen Bedingungen ihrer Existenz erfaßt haben, die gelernt haben, daß sie zusammengehören, daß sie nur durch die Sammlung aller Kräfte in der Organisation eine Macht sind, jene Macht, die allein imstande ist, sich wirksam der organisierten Macht derer gegenüberzustellen, denen sie allen Reichtum, alles Wohlleben schaffen." [56]

Diese Sätze waren aber sicher nicht nur als Tatsachenfeststellung sondern auch als Appell gemeint.

Bemerkenswert am Verlauf des Arbeitskampfes ist die gegensätzliche Verhaltensweise der beiden Großbetriebe "Foest und Fischer" in Judenburg und "Redtenbacher & Co." in Scharnstein.

Beide waren als moderne kapitalintensive Unternehmen aus dem Konzentrationsprozeß in der Sensenindustrie hervorgegangen. Erstaunlich unterschiedlich entwickelten sich dann die Streik-Szenarios in den beiden Werken.

Die Judenburger Erzeugungsstätte war vom Stahlindustriellen Wittgenstein unter Anwendung brutalster Geschäftsmethoden, durch Zerschlagung der alten Zunftstrukturen der steiermärkischen Sensenindustrie errichtet worden, wodurch massenhaft die Betroffenen, von den Lehrlingen bis zu den Sensenherren einer spürbaren Verelendung ausgesetzt worden waren. [57]

Auch die Firma Redtenbacher hat ehemals selbständige Hämmer aufgekauft, doch hat man die Scharnsteiner Gewerken als privilegierte Eßmeister in den neuen Betrieb integriert. Alte Schmiededynastien, wie beispielsweise die Familie Geyer, neigten dann im Scharnsteiner Werk weiterhin zu "traditioneller" Gewerken-Mentalität, obwohl sie ihre ökonomische Selbständigkeit verloren hatten. [58]

Unter diesen divergenten Voraussetzungen ist es verständlich, daß Foest und Fischer entgegen den

Direktiven des Centralverbandes der Sensengewerken (dessen etwaige Sanktionen sie als einer der Branchenleader wenig fürchten mußten) sehr bald einen Abschluß mit den Arbeitern zu tätigen für sinnvoll erachteten, während die spezifischen Strukturen im zweiten Großbetrieb, Redtenbacher, ein beinahe völliges Ignorieren des Ausstandes möglich machten und hier auf eine Einigung keinerlei Wert gelegt werden mußte.

Zum Abschluß sei der Blick noch einmal von Entwicklungen in einzelnen Firmen auf die Bedeutung des Arbeitskampfes für die Entwicklung des weiteren Verhältnisses zwischen Unternehmern und Arbeitern in der österreichischen Sensenindustrie generell gewandt. Der Metallarbeiterverband war mit dem Anspruch angetreten, als für die Sensenarbeiter vertretungsbefugte Organisation mit den Gewerken einen Kollektivvertrag auszuhandeln. Offiziell hat die Unternehmerseite sowohl diese Vertretungsbefugnis als auch das Ansinnen nach einem allgemeinverbindlichen, überindividuellen Arbeitsvertrag entschieden in Abrede gestellt.

Doch die entscheidendste Wende zur Beendigung des daraufhin begonnenen Ausstandes war in einer Vereinbarung zwischen der Hauptstelle Österreichischer Arbeitgeber-Organisationen und dem Metallarbeiterverband, also zwischen den zentralen Vertretungsinstitutionen, erzielt worden.

Damit konnte sich in diesem ersten großen Arbeitskampf der Sensenschmiede der Metallarbeiterverband faktisch als zentrale Vertretungsinstitution dieser Arbeiter etablieren.

Quellen

1. Maix, Gustav: Die Arbeitsverhältnisse in der Sensenindustrie. In: Sociale Rundschau. II. Band, Juli-December 1900, S. 746f.
2. Maderthaner, Wolfgang: Leben und Kämpfen auf dem Land. (Dissertation) Wien 1980, S. 154; ders., Der "verleihkaufte" Arbeiter. Arbeiterexistenz und politisches Bewußtsein um 1900 am Beispiel der Waidhofner Sensenschmiede. In: Archiv. Jahrbuch des Vereins für Geschichte der Arbeiterbewegung, 2 (1986), S. 68 - 77; Sandgruber, Roman: Lebensstandard und Ernährung in Oberösterreich im 18. und 19. Jahrhundert. In: Österreich in Geschichte und Literatur. Jg. 21, H. 5, Sept.-Okt. 1977, S. 289f.; Österreichischer Metallarbeiter (ÖMA), 7.9. 1905.
3. Maderthaner, Leben und Kämpfen, S. 153; Die wirtschaftlichen Kämpfe in der Eisen-, Metall- und Maschinenindustrie in Österreich. ... 1908 bis 1910. Wien 1911, (weiterhin: Wirtschaftliche Kämpfe) S. 25.
4. Maix, S. 743f.; Wirtschaftliche Kämpfe, S. 25; Bericht der k.k. Gewerbe-Inspectoren über ihre Amtstätigkeit im Jahre 1888. Wien 1889, S. 104f.
5. Bericht der k.k. Gewerbe-Inspectoren..., S. 102 und Maix, S. 744.
6. Protokoll des III. österreichischen Sensenarbeiter-Kongresses abgehalten am 10., 11. und 12. Juni 1905 zu Waidhofen a.d.Ybbs in Niederösterreich. Waidhofen a.d.Ybbs 1905, S. 16 und Maderthaner, Leben und kämpfen, S. 152.
7. Bericht der k.k. Gewerbeinspectoren ... 1893, S. 105.
8. Maderthaner, Leben und kämpfen, S. 157.
9. Protokoll Sensenarbeiter - Kongreß, S. 72.
10. Ebd., S. 55 u. 65.
11. Ebd., S. 71.
12. Maderthaner, Leben und Kämpfen, S. 157.
13. ÖMA, 19.12.1907.
14. Wirtschaftliche Kämpfe, S. 26-30.
15. OÖLA, Wirtschaftsarchiv, Bestand L. Zeitlinger, Karton 20, Cirkular des Centralverbandes der Sensen- , Sichel - und Strohmessergewerken vom 20.12.1907.
16. ÖMA, 2.1.1908.
17. ÖMA, 16.1.1908.
18. Cirkular..., 23.11. 1907.
19. Cirkulare... vom 15.,16. u. 18.1. 1908.
20. Wirtschaftliche Kämpfe, S. 31.
21. ÖMA, 13.2.1908.
22. Wirtschaftliche Kämpfe, S. 33f.
23. Ebd., S. 34.
24. Cirkular... 6.2.1908.
25. Cirkular... 19.2.1908.
26. Cirkular ... 25.2.1908.
27. Cirkulare... 24.u.31.3.1908.
28. ÖMA, 12.3.1908.
29. Cirkular... 24.3.1908.
30. Cirkular... 31.3.1908.
31. ÖMA, 2.4.1908.

32 Schröckenfux, Franz: Geschichte der österreichischen Sensenwerke und deren Besitzer. Linz/Achern 1975, S. 184-197.
33. Ebd., S. 177-183.
34 OÖLA, Wirtschaftsarchiv, Bestand L. Zeitlinger, Karton 20, Brief Ludwig Zeitlingers an den Centralverband der Sensen-, Sichel- und Strohmessergewerken, 5.3.1908.
35 Gedenkbuch der Firma Redtenbacher (unveröffentlichte Betriebschronik) o.O., o.J.(weiterhin: Werkschronik) S. 4.
36 Maderthaner, Leben und kämpfen, S. 159.
37 Werkschronik, S. 14.
38 OÖLA, Wirtschaftsarchiv, Bestand L. Zeitlinger, Karton 20, Brief von Kletzmayr und den Vertrauensmännern, Grubbach an Ludwig Zeitlinger, Leonstein.
39 OÖLA, Wirtschaftsarchiv, Bestand L. Zeitlinger, Karton 20, Brief des Centralverbandes ... an Ludwig Zeitlinger, 6.2.1908.
40 Ebd., Brief Ludwig Zeitlingers an den Centralverband....
41 ÖMA, 9.4.1908.
42 OÖLA, Wirtschaftsarchiv, Bestand L. Zeitlinger, Karton 20, Ergebnis Grubbach.
43 Protokoll Sensenarbeiter-Kongreß, S. 65.
44 ÖMA, 6.2.1908.
45 OÖLA, Wirtschaftsarchiv, Bestand L. Zeitlinger, Karton 20, Liste der in Scharnstein Streikenden. Von der Firma Redtenbacher an den Centralverband... eingesendet.
46 Ebd.
47 Ebd.
48 Werkschronik, S. 14.
49 OÖLA, Wirtschaftsarchiv, Bestand L. Zeitlinger, Karton 20, Cirkular..., 19.2.1908.
50 Salzkammergut-Zeitung, 8.3.1908.
51 Salzkammergut-Zeitung, 29.3.1908 und 5.4.1908
52 ÖMA, 12.3.1908.
53 ÖMA, 10.5.1908.
54 Werkschronik, S. 14.
55 Wirtschaftliche Kämpfe, S. 35 und ÖMA. 20.8.1908.
56 ÖMA. 20.8.1908.
57 Lackner, Helmut: Die Konzentration der obersteirischen Sensenerzeugung in Judenburg von 1890 bis 1954/55. In: Berichte des Museumsvereines Judenburg. Jg. 1986, H. 19, S. 3-19.
58 Gespräch mit Max Geyer am 14.8.1987.

Andreas Resch

Firmengeschichte vom Ersten Weltkrieg bis 1938

In den Jahren vom Streik 1908 bis zum Ersten Weltkrieg nahm die Sensen- und Sichelfirma Redtenbacher einen rasanten Aufschwung.
Die Tagesproduktion der Scharnsteiner Sensenfabrik wurde von 2.600 Stück im Schmiedejahr 1908/1909 auf 4.000 Sensen bis 1913/1914 erhöht, und in diesem Jahr wurden mehr als 700 Arbeiter und Arbeiterinnen in der Sensen- und Sichelerzeugung beschäftigt.[1]
Wesentliche Grundlage für diesen Erfolg war die engagierte Pflege der Handelsbeziehungen zu den diversen Abnehmern, besonders jenen in Rußland. Zum Beispiel wurde 1909 Alexander Kempe als alleinvertretungsbefugter Prokurist in die Redtenbachersche Firmenrepräsentanz nach Moskau entsendet, um vor Ort die Firmeninteressen zu vertreten.[2]
Das Unternehmen konnte Geschäftsabschlüsse in einem Ausmaß tätigen, das es ermöglichte, sich auch andernorts in der Sensenproduktion zu engagieren (Kauf des Sensenwerkes in Judenburg durch Friedrich Blumauer)[3] und darüber hinaus auch andere Werke als Erzeuger von zugeordneten Kontingenten aus dem Handelsvolumen, über das man verfügte, unterzuordnen.[4] Jährlich verkaufte Redtenbacher vor dem Ersten Weltkrieg insgesamt etwa drei Millionen Sensen. Bis 1875 hatte die Firma als reines Handelsunternehmen fungiert, im Jahre 1913/14 betrug die eigene Produktion in Scharnstein bereits ungefähr ein Drittel der Gesamtverkaufsmenge.[5]

Die Firmenentwicklung während des Ersten Weltkrieges

Mit Beginn des Krieges brachen zahlreiche traditionelle Handelsbeziehungen zu den nunmehr gegnerischen Staaten ab.
Im Zuge der allgemeinen Mobilmachung am 31. Juli 1914 mußten 98 Mann aus dem Sensenwerk und 41 aus dem Sichelwerk in die k.u.k. Armee einrücken.
Die Tagesproduktion wurde im Sensenwerk auf 2.200 Stück pro Tag reduziert, und im Sichelwerk erzeugte man nur noch 800 Zahn- und 400 Blattsicheln je Arbeitstag. Wegen dieser Produktionsreduzierung wurden außer den bereits zum Militär Eingezogenen insgesamt weitere 124 Arbeiter und Arbeiterinnen entlassen und die Verbleibenden nur noch zu reduziertem Lohn beschäftigt. Ab dem Jahr 1915 konnte die Firma Redtenbacher ihre Produktion durch Aufträge für Pioniersäbel und Dolchmesser erheblich ausweiten.[6]
Österreichweit wurden die eisenverarbeitenden Betriebe auf Militärbedarfsdeckung umgestellt und die Erzeugung landwirtschaftlicher Geräte gedrosselt,

obwohl dadurch ab 1915 in der Landwirtschaft, deren Funktionieren für die Aufrechterhaltung der militärischen Stärke auch von großer Bedeutung gewesen ist, ein ausgeprägter Mangel eintrat. [7]

Im Jahr 1917 — es herrschte bereits Rohstoffknappheit und die wesentlichen Wirtschaftsbereiche wurden durch staatliche Zentralen verwaltet — wurden von der veranschlagten Jahresstahlerzeugung von 2,950.000 Tonnen 85% für den Heeresbedarf beansprucht, und in der zweiten Hälfte dieses Jahres konnte von dem ohnehin sehr kleinen Kontingent für zivile Güter nur noch ein Drittel tatsächlich ausgeliefert werden. [8]

Im Scharnsteiner Werk der Firma Redtenbacher, das ja Militärgüter erzeugte und daher mit Rohstoff bevorzugt beliefert wurde, konnte in den beiden letzten Kriegsjahren die Produktion weiter gesteigert werden (von 1.000 Dolchmessern pro Tag im ersten Halbjahr 1916 auf 2.000 Stück im Mai und Juni 1918). [9]

Die Fertigung der militärischen Produktion war unter kriegswirtschaftliche Oberaufsicht gestellt. Mit kriegsministeriellem Erlaß vom 13. Mai 1915 wurde die Firma unter das Kriegsleistungsgesetz gestellt. Zur Aufrechterhaltung der Produktion für den Militärbedarf konnten unabkömmliche Arbeiter an ihrem Arbeitsplatz verbleiben und mußten nicht an die Front einrücken. Dafür gab es aber etwa zu Johanni keine freien Tage mehr, diese galten als normale bezahlte Arbeitstage. [10]

Im Laufe des Krieges wurden auch in Scharnstein die Versorgungsengpässe immer stärker fühlbar. Wohl versuchte die Firmenleitung etwa durch Kauf von werkseigenen Kühen und durch gelegentliche Lohnerhöhungen auf die schlechter werdenden Lebensbedingungen der Arbeiter zu reagieren, trotzdem nahmen Unterversorgung und Hunger immer dramatischere Ausmaße an. So sah sich dann im Frühjahr 1918 selbst die Militärverwaltung veranlaßt, dem Redtenbacherschen Management zu befehlen, weitere Lohnforderungen der Scharnsteiner Arbeiter zu erfüllen.

Offenbar befürchtete man, daß es auch in Scharnstein, ähnlich wie in Steyr, zu Massenprotesten der kriegsmüden und unterversorgten Arbeiterschaft gegen eine Fortsetzung der militärischen Auseinandersetzungen kommen könnte.

In der österreichischen Reichshälfte konnten gegen Kriegsende nur noch 41 Prozent des rationsmäßigen Bedarfes an Lebensmitteln gedeckt werden. [11]

Die Organisation des Sensenhandels von 1918 bis zur Krise 1928 [12]

Noch während des ersten Weltkrieges waren in den einzelnen Wirtschaftsbereichen als Ergänzung zur staatlichen Wirtschaftsverwaltung Selbstverwaltungskörperschaften errichtet worden, auch schon in Voraussicht auf die absehbare Fortsetzung der zentralen Bewirtschaftung in der ersten Zeit nach Kriegsende. [13] Mit Verordnung vom 11. Mai 1918 wurde der "Wirtschaftsverband der Sensen- und Sichelerzeuger" konstituiert. [14]

Doch nicht nur per Verordnung "von oben" entstanden Zusammenschlüsse von Unternehmen zur gemeinsamen Bewältigung der ökonomisch schwierigen Lage.

Als mit zunehmender Dauer des Krieges die staatlichen Zentralen ihrer Aufgabe, die Betriebe mit Rohstoff zu versorgen, immer weniger gerecht werden konnten, kam es auch zur Bildung privater Rohstoffgesellschaften. Diese konnten durch Importe auf "vielfach gewundenen Wegen" und auch über den Schleichhandel [15] flexibler auf alle Gegebenheiten der angespannten Marktsituation reagieren. In der Sensenindustrie wurde als privates Pendant zu dem staatlicherseits gegründeten Wirtschaftsverband am 25. Mai 1918 die "Erwerbs- und Wirtschaftsvereinigung der österreichischen Sensengewerken, reg. Gen.m.b.H." in das Linzer Handelsregister eingetragen. Obmann dieser Genossenschaft wurde der Sensengewerke Kaspar Zeitlinger aus Blumau bei Kirchdorf, Obmannstellvertreter Friedrich Blumauer.

Im Management nahmen "Redtenbacher-Leute" führende Positionen ein: Richard Demmer, der bis dahin Prokurist bei Redtenbacher gewesen war, wurde im Dezember 1919 als Prokurist der Wirtschaftsvereinigung angestellt, und am 15. Oktober 1921 bestellte man den erfahrenen Osthandelsexperten der Firma Redtenbacher, Alexander Kempe, zum Direktor des zu dieser Genossenschaft gehörenden "Zentralverkaufsbüros österreichischer Sensenwerke in Linz". [16]

Kempe bereiste nach Kriegsende die UdSSR und konnte dort im Zuge der "Neuen Ökonomischen Politik" alte Handelsbeziehungen reaktivieren. [17]

Die als Sensenkartell fungierende Genossenschaft umfaßte 22 Unternehmungen mit ungefähr 85% der Erzeugungskapazität der österreichischen Sensenindustrie. [18]

Das Kartell mit seinem Verkaufsbüro bestand sechs Jahre lang. Der ursprüngliche Hauptgrund zum Zusammenschluß war die Notwendigkeit einer gemeinsamen Bewältigung der neuen Exportsituation nach dem Ersten Weltkrieg. Als sich dann die Handelsverhältnisse wieder halbwegs normalisiert hatten, fiel diese Hauptmotivation weg, und im Jahr 1924 trat die Genossenschaft in Liquidation.

Bis zum vollständigen Zusammenbruch des Geschäftes mit der Sowjetunion im Jahre 1929 blieben noch zwei kleinere Vereinigungen ehemaliger Kartellmitglieder bestehen:
"Sensenzentrale, gemeinsame Verkaufsstelle österreichischer Sensenwerke reg.G.m.b.H. Wien" und "Wirtschaftsvereinigung österreichischer Sensenwerke reg.Gen.m.b.H. Linz/D". [19]

Die Scharnsteiner Sensenfabrik bis 1928

Das Sensenwerk in Scharnstein konnte nach dem Krieg nicht mehr an die Spitzenergebnisse der Zeit vor 1914 anschließen (über 4.000 Sensen pro Tag), die Produktion pendelte sich, abgesehen von wenigen Phasen kurzfristiger Turbulenzen, bei einer Tagesleistung von 2.000 bis 3.000 Sensen ein. [20]

Nach dem Tod von Friedrich Blumauer wurde seinem Testament gemäß im Jahre 1923 das bis dahin als offene Handelsgesellschaft geführte Unternehmen in eine Kommanditgesellschaft mit Paul Blumauer und Gustav Maix als persönlich haftende Gesellschafter umgewandelt. [21]

Die erste deutliche Betriebsstockung trat im März 1922 ein. Aufgrund von Uneinigkeiten zwischen der Arbeitervertretung und den Arbeitgebern in der Sensenindustrie über das Ausmaß einer Lohnanpassung wegen der galoppierenden Inflation kam es zu "passiver Resistenz" (Bummelstreik) der Arbeiter und schließlich in Scharnstein zu einer dreitägigen Aussperrung vom 14. bis 16. März 1922. Die Gewerkschaften hatten aufgrund der in den Arbeitsverträgen enthaltenen Inflationsklausel eine Teuerungszulage von 442 bis 497% zu den ursprünglich festgesetzten Löhnen errechnet. Schließlich wurde in Verhandlungen zwischen dem Wirtschaftsverband der Sensen-, Sichel- und Strohmessergewerken und dem österreichischen Metallarbeiterverband noch im März eine Einigung erzielt. [22]

Nachdem dieser Arbeitskampf noch eine Folge der Hyperinflation gewesen war, kamen gegen Ende des Jahres 1922 in der österreichischen Wirtschaft die Auswirkungen der in Angriff genommenen Währungsstabilisierung zu tragen. [23]

Vom 23. Oktober bis dritten Dezember 1922 mußte in Scharnstein die tägliche Sensenproduktion wegen Auftragsmangels von 2.800 Stück auf 1.800 Stück reduziert und etwa 240 Arbeiter entlassen werden. [24]

"In der zweiten Hälfte des Jahres 1924 setzte die Stabilisierungskrise mit ganzer Vehemenz ein. Die Arbeitslosigkeit stieg rasch an, im Jahresdurchschnitt waren über 8,4% aller Arbeitnehmer ohne Beschäftigung". [25] In diesem ökonomisch turbulenten Jahr, das ja, wie erwähnt, auch das Ende des Sensenkartells mit sich brachte, schlitterte das Sensenwerk Redtenbacher in eine ernsthafte Krise. Am 13. November 1924 wurde der Betrieb stillgelegt. Man stellte alle laufenden Bauarbeiten ein und entließ alle Arbeiter in Scharnstein mit Ausnahme der Eßmeister und Angestellten. [26]

Zu dieser Zeit wurde der Wert der firmeneigenen Objekte auf 73 Milliarden Kronen geschätzt. Gestützt auf diese Sachwerte strebte die Firmenleitung einen amerikanischen Kredit an, zu dem es aber nicht kam. Obwohl in Österreich der Kapitalmarkt äußerst angespannt war und das Zinsniveau mit etwa 20% seinen Gipfel erreicht hatte [27], nahm man dann "bei der Firma Liebig & Co., Bankhaus, Wien ... einen Kredit von S 50.000 in Anspruch ..., um den Betrieb wieder in Gang zu bringen." [28]

Es sollte bis 26. Februar 1925 dauern, bis die Tagesproduktion wieder das Ausmaß von 2.000 Sensen erreichte. [29]

Ab dem Jahre 1924 wurden österreichweit sukzessive die Vertragsverhältnisse der Sensenarbeiter verschlechtert. [30]

So kam es dann 1927 zu einem mehrwöchigen Arbeitskampf in der Sensenindustrie.

Beginnend mit 20. August 1927 verhängte die Firmenleitung in Scharnstein bis zur Einigung der Tarifparteien auf einen neuen Kollektivvertrag am 17. Oktober 1927 [31] eine Aussperrung über die Sensenarbeiter.

Innerbetriebliche Modernisierung und Diversifizierung

Bereits um die Jahrhundertwende war Friedrich Blumauer darangegangen, sich über die Sensen- und Sichelerzeugung hinaus auch um andere Produktionsbereiche für die Firma Redtenbacher zu bemühen: 1903 wurde in Losenstein eine Taschenfeitelfabrik in Betrieb genommen, 1908 errichtete man in Linz eine Messer- und Scherenfabrik, und nach Friedrich Blumauers Tod im Jahre 1921 übernahmen seine Geschäftsnachfolger auch noch die Messerfabrik Ludwig Werndls Nachfolger Johann Mach in Steinbach bei Grünburg. Der Redtenbacher-Konzern beschäftigte nun insgesamt bis zu 1.300 Personen. [32]

Und auch am Scharnsteiner Standort tätigte man weitere Investitionen zur Modernisierung der Sensen- und Sichelproduktion. Im Jahre 1924 wurde eine neue Turbinenanlage im firmeneigenen Sägewerk Schönau in Betrieb genommen, das neugebaute Viktoriawerk fertiggestellt und eine Dieselmotoranlage als Kraftreserve bei Niedrigwasser im Hauptwerk installiert. Zur Vorbereitung der Verlegung des Firmenhauptsitzes von Linz nach Scharnstein wurde ein neues Bürogebäude errichtet. [33]

Die Krise ab 1928. Geschäftseinbruch und Überwindungsstrategien

Bereits mit der Währungsstabilisierung ab 1922 war der Exportvorteil für österreichische Betriebe, der durch die Entwertung der österreichischen Währung im Ausland entstanden war, weggefallen. [34]
Nach den trotz angedeuteten Konjunkturschwankungen relativ stabilen Jahren für die Sensenindustrie folgte 1927/28 durch den Senseneinkaufsstop des bisherigen Hauptabnehmers Sowjetunion ein wirtschaftlicher Einbruch, der nie mehr überwunden werden sollte. 1927 konnten noch über 3.600 t österreichische Sensen exportiert werden, 1928 ging die Ausfuhrmenge bereits um 27 Prozent auf etwa 2.600 T zurück und 1932 wurde der Tiefststand von nur noch 805 t erreicht. Kurzarbeit, Produktionseinschränkungen und gänzliche Stillegung von Betrieben waren die Folge. Versuche, in Westeuropa neue Absatzmärkte zu erschließen, brachten nur geringe Wirkung. [35]

In Scharnstein mußte am 26. März 1928 die tägliche Sensenproduktion auf acht Tagwerke (=1.600 Sensen) halbiert werden. 170 Arbeiter wurden entlassen. Es folgte eine mehrjährige Periode geringer und stark schwankender Produktion, was bedeutete, daß es nur noch wenige und unsichere Arbeitsplätze im wichtigsten Unternehmen des Ortes gab. [36]

Das Firmenmanagement versuchte die Krise zu bewältigen, indem man sich auf die trotz alledem noch vielversprechendste Produktionssparte, die

Sensen- und Sichelerzeugung, konzentrierte. Mit dem Verkauf der Messerfabriken begann man die anderen Erzeugungsstätten abzustoßen. Diese Werke hatten eine chronisch mangelnde Auslastung aufgewiesen [37] und waren nicht wettbewerbsfähig gegenüber der deutschen Konkurrenz. [38] Die technische Einrichtung des Linzer Werkes, das 1927 zusperren mußte, wurde teils nach Jugoslawien verkauft, teils richtete man damit in Hermannstadt/Sibiu (Rumänien) eine Redtenbachersche Messerfabrik ein. Auch diese blieb aber bis zur Verstaatlichung 1945 ein wenig erfolgreiches Unternehmen des Konzernes. [39]

Die innerbetriebliche Verwaltung wurde durch die Verlegung der Firmenzentrale von Linz zum Hauptwerk nach Scharnstein und die Auflösung der Wiener Repräsentanz rationalisiert.[40] Anstelle der aufgelassenen anderen Produktionszweige begannen sich die Scharnsteiner Sensengewerken an anderen Sensenproduktionsstätten zu beteiligen: Engagement in der Sensenwerk Krenhof AG [41] und gemeinsam mit dieser Firma Wiederinbetriebnahme des stillgelegten Sensenwerkes in St. Lorenzen/Sv. Lovrenz bei Maribor und ebenfalls gemeinsam mit der Sensenwerk Krenhof AG Beteiligung am Sensenwerk Carl Schröckenfux in Spital am Pyhrn [42]

In der Krisensituation ab 1928 wurden in der Senseninindustrie auch wieder Bestrebungen aktuell, sich in einer Kartellorganisation zusammenzutun.

Erst im Jahr 1935 kam es zu diesbezüglichen Vereinbarungen, so daß ab 1936 der Export von einer gemeinsamen Organisation der Sensengewerken, geleitet von Dr. Alois Hobelsberger, vonstatten ging. [43]

Der österreichische Gesamtexport stabilisierte sich langsam wieder. Nach dem Erdrutsch von 6,6 Millionen Stück im Jahre 1927 auf 1,4 Millionen 1932 erreichte die Ausfuhr 1937 wieder ein Volumen von 3,5 Millionen Sensen. [44]

Redtenbacher war in Scharnstein im Schmiedejahr 1931/32 mit 256.910 verkauften Sensen an den Tiefpunkt gelangt und wies dann ab 1934/35 bis zum "Anschluß" 1938 stets eine Jahresproduktion von deutlich über 500.000 Sensen auf. [45]

Das bedeutet, die Tagesproduktion hatte wieder eine Größenordnung von etwa 1700 Stück erreicht. Die Werte, die vor der Krise erzielt worden waren (Tagesproduktion von 2.000 bis 3.000 Sensen), waren jedoch nicht mehr zu realisieren.

Österreichischer Sensenexport 1923-1938 [46]

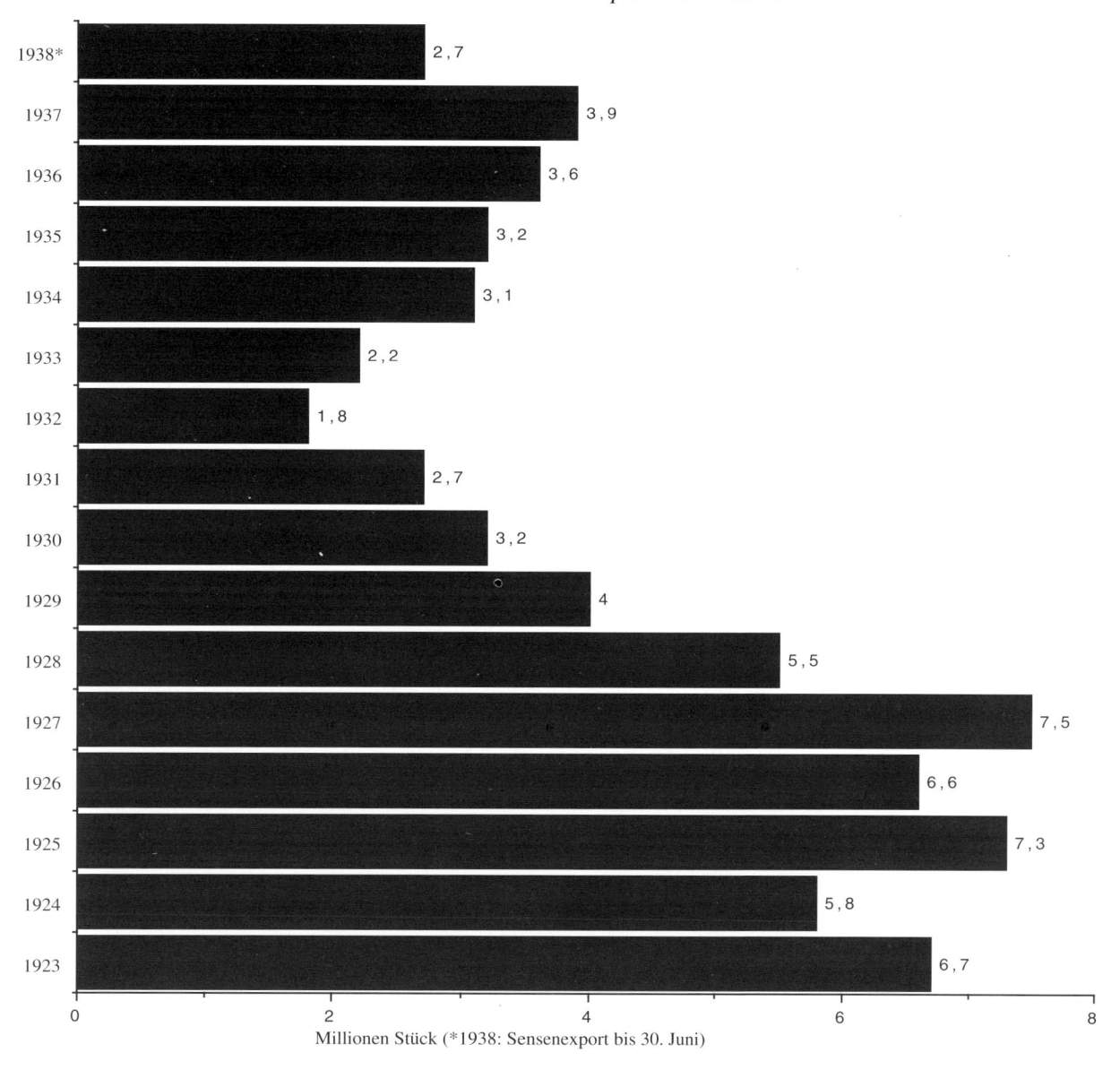

Jahr	Millionen Stück
1938*	2,7
1937	3,9
1936	3,6
1935	3,2
1934	3,1
1933	2,2
1932	1,8
1931	2,7
1930	3,2
1929	4
1928	5,5
1927	7,5
1926	6,6
1925	7,3
1924	5,8
1923	6,7

Millionen Stück (*1938: Sensenexport bis 30. Juni)

Quellen

1. Gedenkbuch der Firma Redtenbacher (unveröffentlichte Betriebschronik), o.O., o.J. (weiterhin: Werkschronik), S. 7.
2. Handelsregister Wels. Reg. A, Akt 142, Redtenbacher Simon seel. Witwe und Söhne, Sensen in Scharnstein.
3. Lackner, Helmut: Die Konzentration der obersteirischen Sensenerzeugung in Judenburg von 1890 bis 1954/55. In: Berichte des Museumsvereines Judenburg. Jg. 1986, H. 19, S. 12.
4. Wyhlidal, Ferdinand: Grundlagen, Organisation und Technik des österreichischen Sensenexportes. Eine betriebswirtschaftliche Untersuchung. Wien 1936, S. 53.
5. Aufzeichnungen im Firmenarchiv.
6. Werkschronik, S. 7 u. 24-31. Simon Redtenbacher seel. Witwe & Söhne. In: Österreichs Industrie. I. Band: Oberösterreich, Linz 1925, S. 140f.
7. Riedl, Richard: Die Industrie Österreichs während des Krieges. Wien 1932, S.276f.
8. Ebd., S. 278f.
9. Werkschronik, S. 7.
10. Gespräch mit Max Geyer am 14.8.1987 und mit Alois Riedler am 20.8.1987; Werkschronik.
11. Meihsl, Peter: Die Landwirtschaft im Wandel der politischen und ökonomischen Faktoren. In: W. Weber, Österreichs Wirtschaftsstruktur gestern - heute -morgen. Bd. 2. Berlin, 1961, S. 557; Werkschronik, S. 29ff; Firmenarchiv, Mappe Lohnforderungen 1918.
12. Grundlegend zur Entwicklung der oberösterreichischen Sensenindustrie von 1918 bis 1938: Johannes Pfaffenhuemer, Historisch-betriebswirtschaftliche Analyse der Existenzkrise der oberösterreichischen Sensenindustrie zwischen 1919 und 1938. Linz 1984 (Dissertation).
13. Riedl, S. 62ff.
14. Ebd., S. 75.
15. Ebd., S. 37.
16. Handelsregister Linz. Gen., Band III, Fa. Nr. 54, Erwerbs- u. Wirtschaftsvereinigung der ö. Sensengewerken reg. Gen.m.b.H.
17. Wyhlidal, S. 53.
18. Reiseberichte im OÖLA, Wirtschaftsarchiv, Vereinigung der Sensengewerken 1919-1930, Karton 76.
19. OÖLA, Wirtschaftsarchiv, Vereinigung der Sensengewerken 1919-1930, Karton 76; Handelsregister Linz.Bd. III, a.a.O.; Pfaffenhuemer, S. 120f.; Wyhlidal, S. 53f.
20. Werkschronik.
21. Handelsregister Wels. Reg. A., Akt 142, Redtenbacher Simon seel. Wwe. & Söhne, Sensen in Scharnstein.
22. Werkschronik, S. 38; Salzkammergutbote, 12.3.1922 und 26.3.1922; Österreichischer Metallarbeiter (ÖMA), 11.3.1922;Tagblatt,

17.3.1922.
23 Kernbauer, Hans, Weber, Fritz: Von der Inflation zur Depression. Österreichische Wirtschaft 1918-1934. In: "Austrofaschismus". Beiträge über Politik, Ökonomie und Kultur 1934-1938. Hrsg. E. Talos/W. Neugebauer. Wien 1984, S. 12.
24 Werkschronik S. 7 und S. 39; Salzkammergut Zeitung, 5.11.1922; Salzkammergutbote, 5.11. 1922.
25 Kernbauer, Weber, S. 13.
26 Werkschronik, S. 42.
27 Kernbauer, Weber, S. 13; Kropf, Rudolf: Oberösterreichische Industrie. (1873-1938). Ökonomisch-strukturelle Aspekte einer regionalen Industrieentwicklung. Linz 1981, S. 113 - 122.
28 OÖLA, Wirtschaftsarchiv, Vereinigung der Sensengewerken, 1919-1930, Karton 76: Auskunft von der "Confidentia". Gegr. 1870. Ältestes Auskunfts- und Inkassoinstitut Österreichs. Verlag des Kredit.Lloyd (über die Firma Redtenbacher, 1927).
29 Werkschronik, S. 7.
30 ÖMA, 3.11.1928.
31 Werkschronik, S. 46.
32 Simon Redtenbacher... In: Österreichs Industrie..., S. 140f.
33 Werkschronik, S. 46.
34 Kernbauer, Weber, S. 12.
35 Kropf, S. 242.
36 Werkschronik, S. 47; Salzkammergut Zeitung, 1.4.1928; Gespräch mit Max Geyer.
37 OÖLA, Wirtschaftsarchiv, Vereinigung der Sensengewerken 1919-1939, Karton 76: Auskunft von "Confidentia" Gegr. 1870. Ältestes Auskunfts- und Inkassoinstitut Österreichs. Verlag des Kredit.Lloyd (über die Firma Redtenbacher, 1927).
38 Gespräch mit Alois Riedler.
39 Fritz Blumauer, Entwicklungsgeschichte der Firma "Simon Redtenbacher seel. Wwe. & Söhne" in Scharnstein. (Typoskript), 1989, S. 2.
40 Handelsregister Wels. Reg. A, Akt 142, Redtenbacher Simon seel. Wwe. & Söhne, Sensen in Scharnstein.
41 Handelsregister Wels. Ges.reg. 150, Sensenwerk Krenhof AG.
42 Gespräch mit Dipl. Ing. Fritz Blumauer; Gespräch mit Alois Riedler; Gespräch mit Max Windschek, der als Facharbeiter an der Wiederinbetriebnahme des St. Lorenzener Sensenwerkes beteiligt war. Blumauer: Entwicklungsgeschichte der Firma "Simon Redtenbacher seel. Wwe. & Söhne". S. 3.
43 Kropf, S. 242; Schröckenfux, Franz: Geschichte der österreichischen Sensenwerke und deren Besitzer. Linz/Achern 1975 S. 631.
44 Ebd.
45 Beilage zur unveröffentlichten Werkschronik: Sensenproduktionsziffern (1928/29 bis 1933/34 Verkaufsziffern.)
46 Pfaffenhuemer, S. 77.

Ursula Pleschko
Barbara Steinhäusler

ALLTAG UND FRAUENARBEIT
"Sie haben keine Hosen an und stellen doch ihre Frau"

Erstmals wurden in den 1890er Jahren Frauen in der Sensenindustrie beschäftigt. Ermöglicht wurde dies durch eine Umstellung in der Sensenverpackung. Jahrhundertelang wurden die Sensen, in Fässer geschlichtet, dem Händler geliefert, jetzt erst wurden sie in Papier gewickelt. Außerdem kam es zu einer Verfeinerung der Verzierungstechniken, und statt Abschabern verwendete man jetzt Poliermaschinen. Die speziellen Arbeitsbedingungen der Frauen haben sich in den folgenden 90 Jahren, in denen Frauen in der Scharnsteiner Sensenindustrie beschäftigt waren, kaum verändert.

Wir stützen uns bei der Beschreibung der von Frauen ausgeführten Arbeiten in der Hauptsache auf Interviews, die uns Sensenarbeiterinnen gegeben haben. Auf die Frage, in welchen Bereichen Frauen eingesetzt wurden, antwortete uns Frau Leitinger: "Da hamma alles tun miassn, überall wo´s uns hing´stellt ham." Folgende Arbeitsschritte wurden hauptsächlich von Frauen ausgeführt: das Härten (Frauen putzten die schmierigen Sensen nach dem Härtevorgang), das Polieren und Schleifen, sowie die Ausstattung und Verpackung waren traditionelle Frauenarbeiten.

Das Härten, Polieren und Glänzen

Nachdem die Sensen aus dem Härteöl genommen worden waren, wurden sie geputzt. Zuerst wurden sie in warmes Wasser getaucht, dann rieb man mit Sägespänen die "Schmiere" (grobe Ölrückstände) ab. Damit die Sensen zur Weiterverarbeitung warmgehalten wurden, legte man sie in ein "Rohr". Dann hat man mit Asche, der Federweiß beigemengt war, die Sensen geputzt. Frau Leitinger: "Des war halt a Drecksarbeit - i hab´ halt g´sagt ins Straflager mias ma. Männer san do kane drin g´wesn, die san in da Polier g´wen."

Die Sensen mußten zuerst mit einer feinen Scheibe poliert werden, bis sie glänzten, dann wurden sie mit einem Schmiergel eingeschmiert.
Frau Platzer arbeitete zuerst in der Härterei. Dann bot man ihr und anderen Frauen an, in der Glänzerei zu arbeiten. Da der Verdienst dort besser war, nahm sie gerne an. Am Anfang war es hart, meinte sie, denn die Männer sahen in ihnen eine Konkurrenz und befürchteten, von ihrem Arbeitsplatz verdrängt zu werden. Frau Platzer wurde dann auch abwechselnd mit zwei Männern beim Hohlschleifen eingesetzt. Die Männer verdienten bei gleicher Arbeit um einen Schilling pro Stunde mehr.
Frau Platzer: "Des siag i net ein, daß die den Lohn ham und i soit de Arbeit tun." Auf ihre Beschwerde bekam sie für die Stunden, in denen sie hohlschliff, denselben Lohn wie die Männer.

"Aber die Männer hams net tun braucht und ham den Lohn dauernd kriegt! Do hab´ i ma denkt, des siag i no net ein, daß die Männer den dauernd guat ham, und i nur die Stundn." Sie ging nochmals zum Chef und wollte erreichen, daß sie wie die Männer dauernd den "guten Lohn" bekäme.

Sie erreichte dieses Ziel nicht und meinte, daß sie das verstanden habe, denn die anderen Frauen wären dann auch mit höheren Lohnforderungen an den Unternehmer herangetreten.

Ein gemeinsames Vorgehen der Frauen in dieser Sache brachte auch keinen Erfolg, denn der damalige Betriebsratsobmann Waser speiste sie mit der Bemerkung ab, daß sie sowieso einen schönen Lohn hätten. Auch die Forderung nach einer Schmutzzulage wurde mit dem Hinweis auf den guten Verdienst abgelehnt. Daraufhin weigerte sich Frau Platzer, die Männerarbeit zu tun. Der Vorarbeiter meldete das dem Chef, und dieser stellte sie zur Rede. Zu wiederholtem Mal erklärte sie: "I soi hohlschleifen und de andern kriagn den Lohn." Der Chef setzte mit der zynischen Bemerkung: "Ja die j´ham ja a Hosn an" dem Lohnkampf der Frauen ein Ende. Ein Kommentar erübrigt sich.

Ausstattung und Verpackung

In der Ausstattung, auch Kram genannt, waren in erster Linie Frauen beschäftigt. Hier wurden die Sensen lackiert, gestempelt, mit Etiketten beklebt und in Papier eingewickelt. War Anfang des 20. Jahrhunderts eine schöne und genaue Ausstattung von großer Bedeutung, so trat diese mit zunehmender Rationalisierung nach dem Zweiten Weltkrieg in den Hintergrund. Frau Leitinger bemerkte dazu: "Zuletzt hab´ i g´sehn, wia´s jetzt gmacht wird - Da hättn´s uns verjagt."

Putzen

Während des Betriebsurlaubes, der anfangs zwei und später drei Wochen gedauert hat, mußten die Arbeiter und Arbeiterinnen, die nur eine Woche Urlaub hatten, die Hämmer putzen. Männer wurden hauptsächlich zu Außen- und Instandsetzungsarbeiten herangezogen, Frauen mußten die Fenster putzen und Böden und Ölwannen schrubben.

Einschätzung der Arbeit im Werk

Frau Platzer und Frau Leitinger, die vorher im Dienst von Bauern gestanden waren, betonten die geringen körperlichen Anforderungen, die die Arbeit im Sensenwerk an sie stellte. Das Etikettenkleben bezeichnete Frau Leitinger als "Tändelarbeit" und wunderte sich seinerzeit, daß man dafür auch bezahlt wurde. Bei den Bauern verrichtete man schwere körperliche Arbeit nur für Kost und Logis. Alle unsere Informantinnen arbeiteten gerne im Sensenwerk. Es beklagten sich aber auch alle über den Schmutz bei dieser Arbeit. Frau Leitinger: "Und aus´gschaut hamma immer. Die Fetzn san uns nachg´hängt, weil ma mit die Sensen so g´fahrn san. Es war ka schöne Arbeit."

Frau Pölz war unsere älteste Informantin, sie begann 1926 bei der Firma Redtenbacher und war vorwiegend in der Ausstattung tätig. Damals befand sich die Ausstattung noch über der Richterstube. Im Sommer war es dort drückend heiß, und der Gestank der giftigen Lackdämpfe wurde nahezu unerträglich. Die Stempel, mit denen die verschiedenen Sensen gekennzeichnet wurden, mußten mit Petroleum gereinigt werden. Dabei wurden die Frauen von oben bis unten mit Petroleum bespritzt. Heute meint Josefa Pölz ironisch: "I hab´no immer so a schöne Gretlfrisur, weil i meine Haar immer mit Petroleum gepflegt hab´."

In den 20er und 30er Jahren arbeiteten die Frauen durchschnittlich 26 Wochen pro Jahr. Den Rest der Zeit waren sie ausgesteuert. Aber auch nach dem Zweiten Weltkrieg gab es noch saisonell bedingte Entlassungen (Sensensaison war im Winter). Da die Frauen sehr geringe Löhne bekamen, war ihre Arbeitslosenunterstützung minimal. Für wenige Frauen gab es immer genug Arbeit. Das führte auch zwischen den Frauen zu einem nicht unbeträchtlichen Konkurrenzkampf. Es entstand eine Hierarchie zwischen älteren und jüngeren Arbeiterinnen. Um nicht von ihrem Arbeitsplatz verdrängt zu werden, schoben die schon länger bei der Firma beschäftigten Frauen ihren meist jüngeren Kolleginnen die weniger spezialisierten und schmutzigeren Arbeiten zu. Frau Leitinger durfte einmal bleiben, während ihre ältere Kollegin, die nur mehr spezialisierte Arbeiten machen wollte, gehen mußte. Der Vorarbeiter begründete dies damit, daß Frau Leitinger ja zu jeder Arbeit zu gebrauchen wäre, auch zur "Drecksarbeit". Durch dieses Ausspielen von Frauen untereinander verhinderte man weitgehend ihre Solidarisierung.

Während des Zweiten Weltkrieges wurden Frauen auch zu Männerarbeiten herangezogen, ihre Löhne wurden nicht angepaßt. Frau Pölz dazu: "I hab´s net gern tan, weil i wollt ka Kriegsverlängerer sein!" Dieses Zitat zeigt sehr gut das distanzierte Verhalten fast aller unserer Informantinnen zum Naziregime. Frau Leitinger schilderte uns ihre Abscheu und ihre Angst folgendermaßen: "Fremdsender losn — da hamma allewoil g´fürcht, mia kumman ins KZ... — auch in Scharnstein hat ma aufpassn miaßn, wann ma was G´fehlts g´sagt hat."

Soziale Reproduktionsarbeit
Der "unsichtbare" Bereich der Frauen

Mit dem Konzentrationsprozeß in der Sensenindustrie änderte sich die soziale Lage der Sensenarbeiter und ihrer Familien. Durch die Bildung einiger weniger industrieller Zentren kam es zu einer letzten großen Wanderungsbewegung der Sensenschmiede. Auch in Scharnstein ließen sich viele Familien aus der Steiermark, aus Niederösterreich und aus dem oberen Salzkammergut nieder. Die Firma Redtenbacher stellte den Schmieden und ihren Familien kleine Werkswohnungen und Gemüsegärten zur Verfügung. Diese "Sozialleistungen" waren aber für das Überleben der Arbeiter unbedingt notwendig und brachten dem Unternehmen eindeutig mehr Vorteile als den Schmieden. Einerseits rechtfertigen die Sensenherren damit die niedrigeren Löhne der Arbeiter, und anderseits konnte auch die Arbeitskraft der nicht im Unternehmen beschäftigten Frauen mit ausgebeutet werden.

Gleichzeitig wurde durch diese Bequartierung auch noch die Abhängigkeit der Schmiede von ihrem Unternehmen verstärkt. Wie schon erwähnt, reichte der geringe Lohn der Männer nie, um die hungrigen Mäuler zu Hause zu stopfen. Alle Frauen mußten daher mithelfen, das kärgliche Familieneinkommen aufzubessern. Sie mußten großen Erfindungsgeist entwickeln, um ihre Familien "Durchzubringen", und unterlagen daher oft einer doppelten und dreifachen Belastung. Neben ihrer Hausarbeit zogen sie Gemüse im Garten, sammelten Beeren, Kräuter und Schwammerl im Wald, sorgten für eine ausreichende Vorratshaltung (Einkochen von Obst und Gemüse) und hielten häufig Kleintiere. So konnten sie manchmal Abwechslung in ihren eintönigen Speisezettel bringen.

Die Mahlzeiten bestanden in der Hauptsache aus kohlehydratreichen Nahrungsmitteln. Sie kochten zum Beispiel Erdäpfelschmarrn, Mehlsuppe, Graupensuppe, Krautfleckerl, Knödel usw. Fleisch kam selten auf den Tisch. Gab es einmal Fleisch, so verzichteten die Frauen nicht selten zugunsten ihrer Kinder oder ihres Mannes auf ihr Stück.

Frau Pölz erinnert sich, daß sie sich von ihrem ersten Sonntagslohn 10 dag Salami gekauft hatte. Im Normalfall konnten sich die Familien überhaupt nur die billigste Wurst, zum Beispiel Braunschweiger, leisten. Frau Leitinger erzählt: "D´Vroni (ihre Tochter) is amol ham kumma und hat g´fragt: `Mamma i möcht nu a Stückerl Wurst ham!´ Hab´i g´sagt: ´Du i kan da koane mehr gebn. Mir ham koa Geld nimma und koa Wurst hamma a nimmer.´Des vergiß i net!"

Eine andere Möglichkeit zur Aufbesserung des Familieneinkommens war das "Hamstern" bei den Bauern. In ihrer Freizeit stellten die Sensenschmiede Messer her, für die die Frauen dann Milchprodukte, Eier, Schweinefett und anderes einzutauschen versuchten. Oft wurden auch Gegenstände des Hausrats gegen Lebensmittel getauscht. In Zeiten bitterster Not sahen sich die Frauen oftmals auch gezwungen, Kraut oder Erdäpfel von den Feldern zu stehlen. Um selbst ein wenig Geld dazuzuverdienen, gingen sie zu den Gewerken putzen oder halfen in Gasthöfen beim Servieren bzw. in der Küche. Die Schwiegermutter von Frau Pölz zum Beispiel hat in der Nacht die Wäsche von "Beamten" (so wurden die höheren Angestellten der Firma genannt) gewaschen. Es gab damals bei einem Arbeiterwohnhaus meist nur eine Waschküche für ca. 20 Familien. Sie konnte also untertags, wenn auch andere Frauen waschen wollten, nicht ständig einen Platz beanspruchen. Außerdem konnte sie die Kinder nicht so lange unbeaufsichtigt lassen. Auch Frau Leitinger mußte sich in Zeiten, wo sie ausgesteuert war, um einen Nebenverdienst kümmern. Sie bestickte Tascherl in Heimarbeit, für die sie 80 Groschen pro Stück bekam. War aber nur ein Fehler in der Arbeit, so bekam sie gar nichts.

Während des Zweiten Weltkrieges mußten die Frauen oft Zwangsarbeiten verrichten.

Frau Leitinger berichtet: "Mei Mann war schon ein Jahr ang´stellt (bei der Post). Da hab i dann sein Lohn kriagt, in der Zeit wia er eing´ruckt war. Aber dann hab´ i arbeitn gehn miaß, sonst hättn´s mi in an Rüstungsbetrieb g´steckt. Da hab´ i´s Dirndl einsperrn miaßn und Milch führn gehn für d´Molkerei und in der Hofmühl hab´ i putzn miaßn. Da hab´ i a nix kriagt ois wias Essn." Andere Frauen mußten ohne Bezahlung Socken und Schals für´s Militär stricken und für den deutschen Turnerbund die Turnhalle putzen.

Frau Leitinger schilderte uns, wie ein Tagesablauf einer Werksarbeiterin aussah:

5 Uhr	Aufstehen und Frühstück für die Familie vorbereiten.
6 Uhr	Arbeitsbeginn. Die Tochter wurde von ihrem Mann in den Kindergarten gebracht.
11-12 Uhr	Mittagspause. Schnell nach Hause laufen und das Mittagessen wärmen
16 Uhr	Dienstschluß.
17-23/24 Uhr	Das Essen für den nächsten Tag vorkochen, die täglich anfallende Haus- und Gartenarbeit erledigen (Waschen, Bügeln, Stopfen, Putzen...).

Für ein Familienleben mit Mann und Kind blieb keine Zeit. Ausrasten war Luxus.

Die Werkskantine

Die Kantine wurde 1924 im neuen Bürogebäude der Firma Redtenbacher von Frau Sanglhuber aufgebaut.

Frau Sanglhuber stammte aus einer alten Gewerkenfamilie. Ihr Großvater, Johann Geyer, war noch Besitzer des "Geyerhammers". Als er den Hammer nicht mehr gewinnbringend betreiben konnte, verkaufte er ihn an die Firma Redtenbacher. Die Familie von Frau Sanglhuber war eng mit der Scharnsteiner Sensentradition verbunden. Ihr Vater war Eßmeister, ihr Onkel Karl Geyer war Betriebsleiter und ihr Mann war Hammerschmied bei der Firma.

Nach Abschluß der Grundschulausbildung besuchte Frau Sanglhuber im Pensionat in Gmunden eine Kochschule. So lernte sie schon mit dreizehn Jahren die Arbeit in einer Großküche von Grund auf kennen. Anschließend verbrachte sie einige Jahre bei "Herrschaften" in Wien. Nach ihrer Heirat kehrte sie nach Scharnstein zurück.

Die Einrichtung der Werkskantine wurde von ihr initiiert. Zuerst kochte sie nur für 28 bis 30 Beamte (Angestellte) bei der Firma. Dabei fühlte sie sich aber auf Dauer viel zuwenig ausgelastet. Es kam ihr sehr gelegen, als einige Arbeiterinnen, unter ihnen auch Frau Pölz, an sie herantraten und sie baten, auch für die Arbeiter zu kochen. Sie unterbreitete diesen Vorschlag dem Firmenchef, Herrn Blumauer, und der war sofort einverstanden. Die Angestellten waren eher ungehalten darüber, ihre Privilegien jetzt teilen zu müssen. Sie fühlten sich vom Schmutz und Lärm der Sensenschmiede gestört. Noch dazu kamen am ersten Tag so viele Arbeiter, daß sie zu wenig gekocht hatte und für die Angestellten nichts mehr übrig blieb.

Frau Sanglhuber kochte ausgezeichnet. Alle Arbeiter kamen zu ihr essen, was zur Folge hatte, daß die Kantine im Geyerhaus zusperren mußte. "In Wien hab´ i für Herrschaften kochen müssen und in meiner Werksküche hab´ i die Mehlspeis und´s Fleisch und alles genauso g´kocht wia in Wien."
Für so viele Leute zu kochen war ohne genaue Einteilung nicht möglich: "Wenn i am Montag a g´kochtes Fleisch g´habt hab´, hab´ i am Dienstag a gedünstetes g´macht. Alle Tag was anderes!" Es hat immer, auch während wirtschaftlich schlechter Zeiten, zwei Menüs zur Auswahl gegeben— Fleisch oder Mehlspeis. Zum Fleisch gab es immer Gemüse. Sie hat immer reichlich gekocht. Wenn etwas übrig geblieben ist, so war das auch nicht schlimm, denn die Angestellten kamen auch zum Abendessen zu ihr.

In der Früh und auch am Wochenende ist sie mit dem Fahrrad zu "ihren Bauern" nach Pettenbach gefahren um zu hamstern. "I hab´ viel g´kriegt, a halbes Schwein und immer gutes Fleisch, Schmalz, Rahm, Milch. I hab´ guat zahlt!" So konnte sie auch in schlechten Zeiten gehaltvolles Essen auf den Tisch bringen. Außerdem bewirtschaftete sie einen großen Gemüsegarten. Bei der Gartenarbeit hat ihr ihr Mann sehr viel geholfen. "Wunderbares frisches Gemüse hamma g´habt." Beim Kochen selbst hatte sie anfangs keine Hilfe, erst später bezahlte sie ein Küchenmädchen.

Wie sah nun ein Tag von Frau Sanglhuber aus?
Um 4 Uhr früh ist sie aufgestanden und hat begonnen, alles herzurichten: Gemüse schneiden, Kartoffeln schälen, Mehlspeis machen (wenn sie kalt gegessen wurde), Fleisch vorbereiten — in Schnitzel schneiden, einzeln anbraten, Rindfleisch und Schweinernes hat sie gedünstet —. "Es ist ja soviel zum herrichten, daß ma dann kochen kann!"
Um ca. 7 Uhr wurden diese Vorbereitungen unterbrochen, denn jetzt mußte sie das Frühstück für die Beamten herrichten. Diese bekamen Frühstück, Mittag- und Abendessen. Danach mußte sie das Speisezimmer wieder aufräumen — zusammenkehren und frisch decken. Jetzt begann das richtige Kochen.
Um 11 Uhr war Essenszeit für die Arbeiter. Danach mußte das Speisezimmer rasch wieder in Ordnung gebracht werden, denn um 12 Uhr kamen die heiklen Angestellten. Wenn die Angestellten gegangen waren, gönnte sie sich selbst eine kleine Eßpause und begann dann, Küche und Speiseraum zu putzen.
Um ca. 14 Uhr war sie mit dem Abwaschen fertig. Jetzt mußte sie ihre Abrechnungen und ihre Buchhaltung erledigen.
Frau Sanglhuber war selbständige Privatunternehmerin im Rahmen der Firma Redtenbacher. Von der Firma wurden Holz und Strom zur Verfügung gestellt. Zum Essen leistete das Unternehmen einen

Beitrag, der in der Anfangszeit öS 1 - 1,50 pro Arbeiter betrug (ein Essen kostete 3 bis 4 Schillinge). Die restlichen zwei Drittel mußten von den Arbeitern selbst bestritten werden.

Ein Nachteil ihrer Position als Privatunternehmerin war, daß sie selbst den Beitrag für die Pensionskasse einzahlen mußte. Dies hat sie aber verabsäumt und so muß sie jetzt von einer kleinen Witwenpension und von der Unterstützung ihrer Tochter leben.

Um ca. 16 Uhr 30 begannen die Vorbereitungen für das Abendessen der Beamten, die um 18 Uhr zum Essen kamen. Noch einmal mußten Küche und Speisezimmer gereinigt werden. Dann setzte sie sich wieder zu ihren Abrechnungen und deckte auch schon den Frühstückstisch. Zwischen 22 und 23 Uhr endete ihr Arbeitstag.

Den Einkauf von Vorräten und die Gartenarbeit erledigte sie "zwischendurch".

Man kann sich gut vorstellen, wieviel Zeit Frau Sanglhuber für ihre Tochter und ihren Mann blieb. Auch das Wochenende und die Feiertage konnte sie nicht ungestört mit ihrer Familie verbringen, da die Beamten jeden Tag zum Essen kamen. 40 Jahre hat sie ohne einen Tag Urlaub gearbeitet. Sie hat auch gesundheitliche Schäden bei ihrer Arbeit davongetragen. Durch das viele Stehen auf dem schlechten Boden — "i´ hab´ ma immer Pappendeckel auf den Boden gelegt, weil der schon so schlecht war. Für an neuen Boden hätt´ i von der Firma ka Geld g´kriegt." Heute hat sie große Probleme mit ihren Füßen. "Aber i hab´s gern tan!"

So hat sie einen wesentlichen Beitrag zur Verbesserung der sozialen Lage der Sensenarbeiter geleistet. Sie hat den Arbeitnehmern ein Essen von großer Qualität zu einem Preis geboten, zu dem sie es selbst nicht hätten kochen können. Alle Frauen, mit denen wir gesprochen haben, schwärmten vom Essen der Frau Sanglhuber und sind ihr heute noch dankbar.

Wohnsituation und Kinderversorgung

Die Familien lebten in sehr kleinen Wohnungen, die aus Zimmer und Küche bestanden. Die kleineren Kinder schliefen im Schlafzimmer der Eltern, für die älteren gab es in der Küche ausklappbare Diwans. Auch Tafelbetten, die untertags als Tisch und nachts als Bett dienten, wurden verwendet.

Meist wurde erst in den 50er Jahren Wasser in die Wohnungen geleitet (oft auch erst in den 60er Jahren). Vorher mußte das Wasser von einem gemeinsamen Brunnen im Hof geholt werden. Toiletten ohne Wasserspülung gab es bis in die 60er Jahre für durchschnittlich vier Familien am Gang. Das Stiegenhaus, der Gang und die Toilette mußten abwechselnd von den Frauen in der "Haustour" geputzt werden.

Diese begrenzte Wohnsituation brachte es mit sich, daß ein Privatleben der Familien praktisch unmöglich war. Vor allem wegen der Kinder kam es häufig zu Konflikten zwischen den Frauen. Auch die Haustour war oftmals Anlaß für Streitereien.

Kooperation zwischen den Frauen gab es praktisch

nicht. Nur im engsten Familienkreis half und unterstützte man einander. Es blieb den Frauen nicht viel Zeit, sich um die Erziehung der Kinder zu kümmern. Die Sicherung der materiellen Grundbedürfnisse stand bei der Kinderversorgung im Vordergrund. Frau Pölz: "Des wichtigste war, das gnuag zum Essn und a ordentliches Gwand g´habt ham." Die Schulbildung ihrer Kinder war für alle unsere Informantinnen extrem wichtig. Den sozialdemokratischen Ansporn: "Bildung ist Macht!" versuchten sie auch ihren Kindern zu vermitteln.

Frau Pölz: "Nur wer was weis, wird´s amoi besser hab´n!"

Freizeit und Feste

Die wenige Freizeit, die ihnen blieb, nutzten die Frauen sehr intensiv. Frau Pölz war eine begeisterte Bergsteigerin. An Wochenenden half ihr ihr Mann bei der Hausarbeit, damit sie dann, gemeinsam mit den Naturfreunden, ausgedehnte Wanderungen unternehmen konnten. Herr Pölz war ein begeisterter Turner, und sie begleitete ihn oft zu Schauturnveranstaltungen des Arbeiterturnvereines. Eine andere beliebte Freizeitbeschäftigung war die Musik. Früher waren die Frauen in der Werksmusikkapelle zwar hauptsächlich als Marketenderinnen vertreten, später spielten aber auch viele von ihnen aktiv in der Kapelle. Auch in den Gesangsvereinen waren die Frauen stark vertreten.

In Scharnstein gab es damals schon ein Kino, das ein beliebter Treffpunkt war. Wirtshausgehen war für Frauen eher unüblich, aber auch viele Männer tranken ihr Bier zu Hause. Frau Pölz erinnert sich, daß ihre Schwiegermutter oft eine Kanne Bier für ihren Mann nach Hause holte. Zu Hause war das Trinken billiger.

Das beliebteste Fest der Arbeiter war der Arbeitermaskenball. Dieser fand früher traditionell im Gasthaus Hofmühle statt. Frau Pölz: "I bin in der Schnapsbude g´standn und hab´ g´schaut, daß ordentlich Geld einakummt."

Auch die Werksmusikkapelle veranstaltete einen eigenen Ball. Politisch betätigten sich die Frauen in ihrer Freizeit kaum. Es gab dafür, unserer Meinung nach, zuwenig Arbeiterinnen in der Scharnsteiner Sensenindustrie. Die Frauen waren auch erst sehr spät gewerkschaftlich organisiert, und auch die Scharnsteiner Sozialdemokraten förderten (bis heute) die Mitarbeit von Frauen nie.

Schlußbemerkungen

Wie schon eingangs erwähnt, haben sich die Bedingungen in den 90 Jahren, in denen Frauen in der Scharnsteiner Sensenindustrie beschäftigt waren, kaum verändert. Ihr Tätigkeitsbereich und ihre untergeordnete Stellung blieben im wesentlichen dieselben. Geändert haben sich die allgemeinen sozialen Rahmenbedingungen. Durch eine verbesserte Sozialgesetzgebung in den 70er Jahren und durch gewerkschaftliche Errungenschaften nach dem Zweiten Weltkrieg steigerte sich die Lebensqualität der Familien.

Für ihre Anliegen — wie gleicher Lohn für gleiche Arbeit oder Schmutzzulage — mußten die Frauen, obwohl sie gewerkschaftlich organisiert waren, weiterhin selbst eintreten. Bezeichnend ist, daß es im Scharnsteiner Sensenwerk nie eine Betriebsrätin gegeben hat.

An der Dreifachbelastung berufstätiger Frauen — Beruf, Haushalt, Mann und Kinder — hat sich bis heute nicht viel verändert.

Hausarbeit wird noch immer von vielen als "Nicht-Arbeit" begriffen.

Thomas Resch

Kulturelles und politisches Leben

Arbeiterkultur, Vereine, politische Parteien, Festkultur.

Sensenarbeiter aus der Steiermark und aus Niederösterreich, die in Scharnstein eine Beschäftigung gefunden hatten, waren die ersten Verbreiter sozialdemokratischer Ideen im Almtal.
Mitglieder der Arbeiterbildungsvereine in Wels (gegründet 1868) und Gmunden (gegründet 1882) versorgten auch Scharnstein mit Werbematerial, wie Zeitungen und Flugblättern.
In den frühen 80er Jahren kam der Viechtwanger Sensenarbeiter Adolf Schwarzlmüller mit dem Gesetz in Konflikt, weil er für den Anarchismus war. Der Gedanke, daß mit terroristischen Anschlägen die Lage der Arbeiter verbessert werden könnte, erlangte in Österreich vorübergehend größeren Einfluß, weil die sozialdemokratische Bewegung in sich uneins war und die Wirtschaftskrise 1873 die Lebensbedingungen vieler Industriearbeiter empfindlich verschlechtert hatte. Um einer Kerkerstrafe zu entgehen, wollte Schwarzlmüller 1886 in die USA auswandern. Er blieb aber in Deutschland und wurde 1887 Mitglied der Arbeiterbewegung in der Rheinischen Sensenfabrik bei Köln. [1]
Noch zur Jahrhundertwende waren sozialdemokratische Arbeiter Schikanen ausgesetzt. Bis in das Jahr 1902 war sozialdemokratische Agitation ein Entlassungsgrund.[2]

Ein entsprechender Vermerk im Arbeitsbuch verhinderte oder erschwerte auch die Anstellung in einem anderen Betrieb.
Erst 1907 trat der unparteiische Sensenarbeiterverband dem sozialdemokratisch orientierten Metallarbeiterverband bei.
Ihr erwachtes Selbstbewußtsein bewiesen die Sensenarbeiter im großen Streik des Jahres 1908, der die Sensenproduktion in Österreich vorübergehend lahmlegte. Obwohl nicht alle Forderungen der Gewerkschafter erfüllt wurden, konnten die Abschaffung vieler veralteter Bestimmungen und eine Lohnerhöhung durchgesetzt werden. Damit gelang eine Annäherung an die übrigen Berufsgruppen im metallverarbeitenden Bereich.

Das Bauvolk der kommenden Welt?

Nach der Republikgründung erlebte die Sozialdemokratie einen enormen Aufschwung.
Die oberösterreichischen Industriegemeinden bildeten "rote Inseln" im sonst bäuerlich-christlichsozial dominierten Land. Entsprechend dem Wiener Vorbild strebten Gemeinden mit einer starken sozialdemokratischen Ortsorganisation nach der Verwirklichung sozialdemokratischer Lebensformen auf geographisch eng begrenztem Raum.
Außerhalb des oberösterreichischen Zentralraumes mit den größeren Städten Linz, Wels und Steyr traf das besonders für die Orte entlang der Westbahnstrecke und im Salzkammergut zu.

Die Sensenarbeiter prägten die 1904 gegründete sozialdemokratische Ortsorganisation von Viechtwang-Scharnstein. Sie war die mitgliederstärkste Partei der Gemeinde. Wichtige Funktionen übernahmen auch die Lehrer Nedwed, Mosser und Kramesberger. Die große Gruppe der Holzarbeiter mit Nebenerwerbs-Landwirtschaften unterstützte zunächst die Sozialdemokraten nicht. Eine Koalition von Christlichsozialen und Landbündlern verhinderte jedoch, daß ein Sozialdemokrat zum Bürgermeister gewählt wurde.

Durch öffentliche Kundgebungen sollte das sozialistische Bewußtsein gestärkt werden, Michael Hartleitner, ein pensionierter Sensenarbeiter berichtet:
"Die Erste-Mai-Feier war ein Bild: Vorne die Radfahrer, die Turner, der Schutzbund, alle mit ihren Fahnen, die Werksmusik, wir Jugendliche mit unseren Freiheitsliedern. Die Internationale wurde immer gesungen, Brüder zur Sonne zur Freiheit, aber auch:

'Franzosen oder Deutsche
wir Menschen überall,
wir kennen keine Feinde
als Pfaff und Kapital.'

Von der Hofmühle sind wir nach Mühldorf marschiert und dann zurück nach Scharnstein." [3]

Am 12. November, dem "Tag der Republik", veranstalteten die Scharnsteiner Sozialdemokraten ebenfalls eine große Kundgebung. Der Aufmarsch führte nach Viechtwang, wo beim Kriegerdenkmal der Gefallenen des Weltkrieges gedacht wurde. Das Motto der Jugendlichen lautete: "Nie wieder Krieg!"

Bezeichnend für das politische Klima im Ort war ein Vorfall bei der Republikfeier 1927:
Als der Schutzbund an der Viechtwanger Pfarrkirche vorbeimarschierte, erschallte das Kommando "Links schaut!", damit alle ihre Blicke von der Pfarrkirche abwendeten. Die Schutzbündler protestierten damit gegen die Äußerung des Bundeskanzlers Prälat Ignaz Seipel, daß den Demonstranten beim Justizpalastbrand 1927 keine Milde gewährt werden sollte. [4]

Einmal im Jahr trat die Theatergruppe der Sozialistischen Arbeiterjugend auf. Am Spielplan standen meist "revolutionäre Stücke über die Ausbeutung durch die Unternehmer oder den Befreiungskampf der Arbeiterklasse". [5]

Die Scharnsteiner Arbeiterturner waren im gesamten Bezirk Gmunden berühmt und wurden häufig eingeladen, um ihre spektakulären Geräteübungen vorzuführen. Der Sensenarbeiter Josef Reichl erregte nicht nur als Vorturner sondern auch als ausgezeichneter Musiker Aufsehen.

Neben der Öffentlichkeitsarbeit wurde dem Vereins- und Bildungswesen größte Bedeutung zugemessen. Die Ortspartei besaß eine umfangreiche Arbeiterbibliothek. Unterhaltungsromane, Kinder- und Jugendbücher, Werke über Politik, Geschichte und Wirtschaft konnten kostenlos entlehnt werden. Zentren der Vereinstätigkeit waren das Gasthaus Hofmühle in Scharnstein und ein ehemaliges Sen-

senmagazin, das die Sozialdemokraten zu einem Arbeiterheim umgebaut hatten.
Hier wurde die politische Gesinnung deutlich zur Schau gestellt: Neben den Portraits der österreichischen sozialdemokratischen Parteiführer Otto Bauer und Karl Seitz hingen Plakate, auf denen Karl Marx, Friedrich Engels und Ferdinand Lassalle, aber auch Karl Liebknecht und Rosa Luxemburg abgebildet waren.

Von klein auf sollten die Menschen für die Ideen des Sozialismus begeistert werden und zu Kämpfern für eine neue bessere Welt erzogen werden.
Die "Kinderfreunde" übten Lieder ein, bereiteten Ausflüge vor, lasen aus Kinderbüchern und organisierten Gruppenspiele. Nach einer Jugendfeier traten die Vierzehnjährigen in die "Sozialistische Arbeiterjugend" (SAJ) ein. Diese Gruppe war in Scharnstein besonders aktiv. Referenten hielten regelmäßig Vorträge, Texte über Politik, Ökonomie sowie Jugend- und Lehrlingsschutz wurden gelesen, eine Mandolinengruppe und ein Chor probten einmal wöchentlich. Die Jugendlichen trafen sich täglich im Arbeiterheim. Das Schachspielen und ein Tanzkurs gehörten zum Freizeitprogramm.
Am Faschingssamstag lud die sozialistische Jugend zum Arbeitermaskenball im Bahnhofsgasthaus ein. Ein bedeutender Höhepunkt für die SAJ war das Jugendtreffen 1931 in Scharnstein. Der Nationalratsabgeordnete und Präsident der Sozialistischen Jugend-Internationale Karl Heinz aus Wien hielt das Hauptreferat. Die Veranstaltung war "glänzend besucht und gestaltete sich zur eindrucksvollen Kundgebung für den Sozialismus". [6]

Mit vollendetem 18. Lebensjahr traten die Mitglieder der SAJ in den "Republikanischen Schutzbund" ein, Kommandant der Scharnsteiner Abteilung war Alois Schwenninger.
Das Auftreten in militärischer Formation erregte großes Mißtrauen bei den politischen Gegnern. Die Scharnsteiner Schutzbündler besaßen jedoch kaum einsatzbereite Waffen. Bei Gefechtsübungen verwendeten sie statt Gewehren Holzattrappen, was bei gemeinsamen "Manövern" mit anderen Schutzbundtruppen im Salzkammergut häufig belächelt wurde. "Das waren Idealisten, aber im Ernstfall hätte man sie in der Luft zerfetzt". [7]

Unter dem Motto "Heraus aus den Gasthöfen, heraus aus der Kirche" machten die "Naturfreunde" an den Sonntagen Bergwanderungen oder Schitouren. Groß war der Einsatz der Scharnsteiner beim Bau des Naturfreundehauses am Traunstein: Jedes Wochenende fuhren die Radfahrer nach Gmunden und halfen beim Transport von Baumaterialien auf den Traunstein mit, wofür es keine Bezahlung gab.
Der Bericht der Sozialdemokratischen Partei von Oberösterreich für das Jahr 1931 bestätigt das aktive Vereinsgeschehen der Scharnsteiner Naturfreunde: Diese Organisation konnte trotz Wirtschaftskrise ihre Mitgliederzahl erhöhen (von 50 im Jahr 1930 auf 59 im Jahr 1931). [8]
Aufsehen erregten die Veranstaltungen der "Frei-

denker". Besonders ihr Referent Znaim sorgte für Wirbel, als er bei Vorträgen in der Hofmühle Religion und Kirche heftig attackierte. Sogar Gegner meinten über ihn anerkennend: "Der hat ein Mundwerk wie ein Schwert!" [9]

Viele Sensenarbeiter traten in den Feuerbestattungsverein "Die Flamme" ein. Die antiklerikale Grundhaltung richtete sich gegen den "politischen Katholizismus". Im Gegensatz dazu genoß Pater Wisinto in Viechtwang wegen seiner sozialen Einstellung bei den Arbeitern großes Ansehen. Nach dem ersten Weltkrieg verteilte er Geld unter die Armen, das er von Bekannten aus den USA erhalten hatte. Er rief zu Spendenaktionen für die Notleidenden auf, ging selber "betteln" und übergab persönlich das Gesammelte an hungerleidende Familien im Almtal. Dieses Engagement paßte vielen Ortsbewohnern nicht, sie erreichten, daß der Priester nach Kremsmünster versetzt wurde. Der sozialdemokratische Lehrer Nedwed bedankte sich in einem Abschiedsbrief bei Pater Wisinto für dessen praktizierte christliche Nächstenliebe. [10]

Eine bildungspolitische Tat setzten die drei sozialdemokratischen Lehrer durch die Gründung einer privaten Bürgerschule in Mühldorf. Ein Großteil der Absolventen schloß die Prüfung in Wels mit gutem Erfolg ab.

Bei der regen Vereinstätigkeit fällt das Fehlen eines sozialistischen Pensionistenverbandes in Scharnstein auf. Michael Hartleitner vermutet, daß sich die pensionierten Werksarbeiter wegen der niedrigen Renten Gasthausbesuche und die Teilnahme an Ausflügen nicht hätten leisten können.

Zusätzlich zu den Aktivitäten im Ort wurde auch ständig mit auswärtigen sozialistischen Organisationen zusammengearbeitet. Mit den Fahrrädern besuchten hauptsächlich die Jugendlichen Parteikurse, Veranstaltungen und Kundgebungen in Gmunden, Wels und Steyr. Eine Gruppe der Scharnsteiner SAJ beteiligte sich am Internationalen Jugendtreffen in Wien 1929. Andere erzählen heute noch stolz, daß sie 1931 bei einer Kundgebung in Bad Aussee aufmarschierten, in der Otto Bauer das Hauptreferat hielt. Während seiner Rede halfen sie mit, Störaktionen der "Heimwehr" zu unterbinden. [11]

Die Heimwehrbewegung

Im Gegensatz zu den meisten Heimwehrabteilungen dominierte in der Scharnsteiner Gruppe nicht die bäuerliche Bevölkerung, sonder 90% der Mitglieder waren Sensenarbeiter. Dafür gab es zwei Gründe: Der Firmenleiter Dr. Maix pflegte freundschaftliche Kontakte mit dem "Fürsten" Starhemberg und er kommandierte nicht nur die Scharnsteiner, sondern war stellvertretender Heimwehrlandesführer von Oberösterreich.[12] Viele Sensenarbeiter glaubten, einen sicheren Arbeitsplatz halten zu können, wenn sie, auch gegen ihre politische Überzeugung, der Heimwehr beitraten. Das galt besonders ab dem

Jahr 1928, als die Firma in eine schwere Krise schlitterte und etwa 300 Arbeiter entlassen werden mußten.[13] Außerdem wurde ein erheblicher Teil der Beschäftigten nie von der sozialdemokratischen Bewegung erfaßt. Das traf hauptsächlich für jene zu, die den traditionellen Vorstellungen der früher selbständigen Sensenschmiede nachtrauerten. Max Geyer, der aus einer alten Schmiedefamilie stammt, berichtet:

"Ich habe von meinem Vater, der war Eßmeister, das Sensenbreiten gelernt und bin dann seit 1925 beim Breithammer gesessen. Wir haben gelernt, nur gute und saubere Arbeit kann bestehen. Früher hat der Eßmeister mit den Herrenleuten gegessen, die anderen sind bei einem anderen Tisch gesessen.
Alle Tage fast, ob es geregnet hat oder nicht, war ich auf der Jagd. Die reichen Sensenschmiedemeister haben sogar Eigenjagden gehabt. Politik war mir ein Leben lang uninteressant, arbeitslos bin ich nie lange gewesen." [14]

Der Briefträger Ferdinand Prenn führte bei vielen Aufmärschen der Scharnsteiner Heimwehr das Kommando. Ein ehemaliger Schutzbündler charakterisiert ihn folgendermaßen:

"Er war nicht zuwider, aber damals durch und durch Soldat. Das Marschieren und Kommandieren hat ihn gefreut. Aber solche hat es bei uns auch gegeben. Nach 1945 waren wir beide im Gemeinderat, er von der ÖVP, ich von der SPÖ, da haben wir uns immer gut verstanden." [15]

Die Anfänge des Nationalsozialismus

Seit den 20er Jahren bestand in Scharnstein der "Deutsche Turnerbund". Mitglieder waren Geschäftsleute, Gewerbetreibende und einige Angestellte der Firma Redtenbacher. Zum Arbeiterturnverein grenzte man sich scharf ab. Zwei "Fraktionen" prägten den Verein: Auf der einen Seite standen die "Unpolitischen", sie sahen im Turnen nur eine sinnvolle Freizeitgestaltung. Im Gegensatz dazu verbanden die "Ideologen" das Turnen mit einer deutschnationalen Gesinnung. In den politischen Runden referierten Führer der Turnerriegen über Deutschtum, den Anschluß und über die "deutschfeindlichen Kräfte". Sie vertraten antimarxistische und antisemitische Standpunkte. Bei Schauturnvorführungen, Fackelumzügen und Sonnwendfeiern traten die deutschen Turner an die Öffentlichkeit, hier verkündeten sie vor größerem Publikum ihre Weltanschauung. [16]

Im Gegensatz zu Dr. Maix, der die Heimwehrbewegung förderte, traten andere Unternehmer im Ort für den Nationalsozialismus ein. Seit etwa 1930 organisierten die Nazis Kundgebungen, bei denen Armschleifen und Fähnchen mit dem Hakenkreuz getragen wurden, viele marschierten in der braunen SA-Uniform mit. [17]

Als Adolf Hitler 1933 deutscher Reichskanzler wurde, prallten in Scharnstein zwei Meinungen aufeinander: Der Parole "Hitler bringt Arbeit und

Brot!" widersprachen die Mitglieder der sozialistischen Jugend lautstark. Ihr Grundsatz lautete: "Hitler bringt den Krieg!" [18]

Politische Konflikte und die Unterdrückung der Sozialdemokratie

Durch die schwere Wirtschaftskrise, die in Scharnstein bereits 1928 drastisch zu spüren war, verschärften sich die politischen Gegensätze und es gab kaum mehr einen vernünftigen Dialog zwischen den Anhängern unterschiedlicher Weltanschauungen. Ein Aufeinandertreffen in den Gasthäusern wurde vermieden. Die politischen Gruppierungen trafen sich vorwiegend in ihren jeweiligen Stammwirtshäusern. [19] Beim Scharnsteiner Kino, wo alle Parteien ihre Schaukästen hatten, kam es immer wieder zu lautstarken Auseinandersetzungen, die manchmal mit Schlägereien endeten. Besonders bei Veranstaltungen der Sozialdemokraten sorgten Stoßtrupps der Nazis für Aufruhr, nicht selten siegte das Argument der Faust. [20]

Trotz der gespannten Lage wurden während der Arbeitszeit in der Firma Redtenbacher kaum politische Streitgespräche geführt. [21]

Die Angst vor der Arbeitslosigkeit wirkte sich lähmend aus. Viele, die entlassen wurden, fanden erst 1938 für kurze Zeit wieder einen Arbeitsplatz. Sie gehörten zu den ersten, die als Soldaten zur deutschen Wehrmacht eingezogen wurden. Während der bis zu zehn Jahre dauernden Beschäftigungslosigkeit erhielten sie maximal 20 Wochen lang eine Unterstützung, dann wurden sie ausgesteuert und verfügten über keinerlei Einkommen. Der Grünauer Max Auinger, der sechs Jahre keine Arbeit hatte, schildert die Notlage:

"Wir haben nichts gehabt, oft wußten wir nicht, was wir essen sollen. Was uns noch blieb, war das Wildern. Betteln bin ich nie gegangen, auch bei den Bauern hab ich nicht gearbeitet, weil sie nichts zahlten. Nur für Kost, das wollte ich nicht.
In unserem Häusl, da sind [im Laufe der Jahre, T.R.] mindestens 500 Handwerksburschen gewesen. Die Mutter hat alle hereingelassen, die hat nie zugesperrt. Sie war so vertrauensselig, aber niemand hat ihr etwas getan. Am Küchenboden sind oft zehn gelegen, da war es sehr eng, aber warm war´s. Oft haben sie etwas gebracht: Brot und auch ein wenig Geld." [22]

Der Putschversuch der steirischen Heimwehr unter Dr. Pfrimer im Juli 1931 löste in Scharnstein große Unruhen aus: die Heimwehr und der Deutsche Turnerbund marschierten gemeinsam im Ort auf. Die Schutzbundkommandanten wurden verhaftet und im Scharnsteiner Schloß, das die Heimwehr besetzt hatte, gefangengehalten. Nach dem Scheitern des Aufstandes in der Steiermark zog sich die Scharnsteiner Heimwehr wieder zurück. Die Gendarmerie verzichtete auf genaue Nachforschungen, niemand wurde strafrechtlich belangt. [23]

Als 1933 der Parlamentarismus beseitigt und der Republikanische Schutzbund österreichweit verbo-

ten worden war, geriet die Sozialdemokratie in immer stärkere Bedrängnis.
Die öffentliche Maikundgebung wurde untersagt, weshalb sich die Sozialisten in der Hofmühle versammelten. Die kleine kommunistische Gruppe rief zur Maikundgebung auf, bereits illegale Schutzbündler und SAJ-Aktivisten schlossen sich an. Zu Beginn der Kundgebung kletterte der Kommunist Josef Ehmer auf den hohen Betonbogen der Scharnsteiner Almbrücke und hielt eine Rede. Anschliessend zogen etwa 100 Personen durch den Ort, sie trugen rote Fahnen mit Hammer und Sichel. Die Heimwehr beobachtete das Geschehen aus einiger Entfernung. Einige Scharnsteiner beschimpften die Teilnehmer des Maiaufmarsches, andere verstummten: "Ihnen ist der Schrecken durch Mark und Bein gegangen." In Mühldorf kam es dann zu einem Zusammenstoß zwischen den Arbeitern einerseits und den Heimwehrmännern und Nationalsozialisten andererseits, bei dem zwei Heimwehrler und ein Deutschnationaler leicht verletzt wurden." [24]

Am 12. Februar 1934 überbrachte ein sozialdemokratischer Vertrauensmann aus Gmunden die Generalstreikparole und den Kampfaufruf.
Der Sensenarbeiter Max Windschek führte zirka 30 Schutzbündler an, die Richtung Gmunden zogen. Ihre Bewaffnung, die sie rasch aus einem Versteck hervorgeholt hatten, war äußerst mangelhaft. Sie bestand aus einigen verrosteten Gewehren und Pistolen und mehreren Stahlhelmen. Auf halbem Weg begegneten sie einem Kundschafter, der erklärte, es wäre alles vorbei. Die Gruppe löste sich auf, einzeln erreichten sie auf Schleichwegen unbehelligt ihre Wohnungen. [25]

Das Verbot der Sozialdemokratischen Partei zwang die Mitglieder, ihre Fahnen und wichtigsten Schriften in Sicherheit zu bringen. Sie verstauten alles in einer kleinen Holzhütte auf dem Hochsalm. Die Dokumente und Fahnen verschwanden aber spurlos und sind ebenso wie die Bücher der Arbeiterbibliothek bis heute verschollen. [26]

"Ständestaat" und "Großdeutsches Reich"

Nach dem Putschversuch der Nazis im Juli 1934, bei dem Kanzler Dollfuß ermordet worden war, spiegelten sich die österreichischen Verhältnisse in Scharnstein deckungsgleich wider. Zwei Drittel der Bevölkerung sympathisierte insgeheim mit illegalen Parteien. Der Zustrom zur austrofaschistischen Einheitsorganisation "Vaterländische Front" erfolgte nur zögernd und unter Druck. Die noch beschäftigten Sensenarbeiter traten aber mehrheitlich in die halbfaschistische "Einheitsgewerkschaft" ein. [27]

Von Seiten der verbotenen Sozialdemokraten sind keine illegalen Aktionen in Scharnstein bekannt, auch Broschüren der "Revolutionären Sozialisten" wurden nicht verteilt.
Max Auinger, der 1934 von den Sozialdemokraten in die illegale KPÖ übergetreten war, erinnert sich, daß fallweise kommunistische Flugblätter auf ge-

heimem Weg von Gmunden nach Scharnstein und Grünau kamen und den Vertrauensleuten überreicht wurde. Unbekannte malten 1935 auf die Grünauer Plakatwände rote Sowjetsterne auf. 1936 rauften im Gasthaus Apburg illegale Nazis mit Sympathisanten der "Roten", dabei soll es einige Verletzte gegeben haben. [28]

Häufig führten die Nationalsozialisten Schmieraktionen durch, Hakenkreuze und Hitlersprüche wurden auf Hausmauern aufgemalt. Zwei Aktionen erregten stärkeres Aufsehen:

Nach Einbruch der Dunkelheit brannten Unbekannte auf einer Anhöhe ein großes Hakenkreuz ab, wozu sie in Benzin getränkte Sägespäne verwendeten. Auf einer Felswand, die überall in Scharnstein zu sehen ist, prangte eines Morgens ein aufgemaltes, überdimensional großes Hakenkreuz. Die Nazis bezahlten für diese waghalsige Tat einen Arbeitslosen, der die Sozialdemokraten unterstütze, aber "er war am Verhungern, darum arbeitete er für Geld auch mit den Nazis zusammen." [29]

Großteils blieben die Scharnsteiner Sozialdemokraten überzeugte Nazigegner. Einige Sozialisten vertraten aber die irrige Ansicht, daß die "Schwarzen" der gemeinsame Feind von ihnen und den Nationalsozialisten wären, deshalb erwogen sie eine Zusammenarbeit. Manche ehemals führende Funktionäre der sozialdemokratischen Ortspartei schlossen sich den Nazis an und übernahmen nach 1938 auch politische Ämter. [30]

In der Firma Redtenbacher blieb das Verhältnis zwischen der Belegschaft und den Funktionären der "Vaterländischen Front" zwiespältig. Manche "bespitzelten" die Arbeiter und wurden deshalb verachtet, andere, zum Beispiel der "nationalbetonte" Hans Willi, erlangten Vertrauen.

"Der Hans Willi ist ein feiner Bursch gewesen, der war wirklich anständig. Wenn der Blumauer [einer der Firmenleiter - T.R.] gekommen ist, hat der Willi mit uns zum Schreien angefangen wie ein Narr, kaum war der Blumauer wieder weg, hat er gelacht, und du hast wieder alles von ihm haben können." [31]

Diese Einschätzung stammt von Michael Hartleitner, der immer ein überzeugte Nazigegner geblieben ist, was folgender Interviewausschnitt beweist:
"Viele Nazis waren Falsche, nach 1938 hätten sie jeden Tag zum Frühstück am liebsten einen faschierten Pfaffen gefressen, und wie alles vorbei war, haben sie am liebsten gebetet und sind in der Kirche in der ersten Reihe gesessen.
Einmal haben sie Kriegsgefangene durch den Ort getrieben, da ist so ein verrückter Nazi zu einem hin und hat ihm ein paar heruntergehaut. So waren viele, die wollten uns weismachen, die Slawen sind Untermenschen, und schau sie dir heute an, überall, ob in der Technik oder sonst wo, sind sie genau so weit wie wir." [32]

Der Einmarsch der deutschen Truppen wurde von der Scharnsteiner Bevölkerungsmehrheit begeistert aufgenommen, die Parole "Hitler bringt uns Arbeit und Brot" hat zumindest kurzfristig viele mitgerissen. Noch vor Beginn des Zweiten Weltkrieges än-

derte sich aber die Stimmung. Darüber geben geheime Gendarmerieberichte an den "Landrat des Kreises Gmunden" aus den Jahren 1938 bis 1942 Auskunft. In diesen Stimmungsberichten wurde vermerkt, daß immer mehr Menschen die Kirchen besuchten:
"Der Kirchenbesuch der hiesigen Bevölkerung ist ebenfalls in den letzten Monaten sehr bemerkbar angestiegen, dabei ist auffallend, daß sich bei den Kirchenbesuchen nicht nur ehemals gestandene Christlichsoziale oder sonst bekannt religiös veranlagte Personen, sondern auch früher als links orientiert bekannt gewesene Personen daran beteiligten." 33)

Großes Murren gab es bei den Bauern und Arbeitern über die kriegsbedingten wirtschaftlichen Verschlechterungen, auch Zweifel am Sieg der deutschen Wehrmacht wurden laut. Die Parteiveranstaltungen der Nazis im Jahr 1942 waren durchwegs schlecht besucht. 34)

Der sehr religiöse Gemeindearzt Dr. Ganglbauer, er war nach 1945 Vorsitzender der ÖVP-Gemeindefraktion, verabscheute die Nazis und verschaffte Wehrmachtsurlaubern verlängerte Krankenurlaube, das kam auch Michael Hartleitner zugute:
"Als ich vom Polenfeldzug heimgekommen bin, habe ich Durchfall gehabt. Da sagte der Dr. Ganglbauer zu mir: `Du hast Ruhr, du mußt daheimbleiben!` So habe ich ein paar Wochen länger Fronturlaub bekommen. 35)

Sogar der Ortsgruppenleiter Hüthmayr setzte sich fallweise für Menschen ein, die von "übereifrigen" Nazis angezeigt worden waren.
Eine Arbeiterin schimpfte laut über Hitler und den Krieg, nachdem zwei von ihren Söhnen an der Front gestorben waren. Hüthmayr weigerte sich, die Anzeige weiterzuleiten und äußerte sich abfällig über die Gefühllosigkeit und Unmenschlichkeit einiger Denunzianten. 36)

Einig sind sich alle befragten Zeitzeugen, daß der Antisemitismus in Scharnstein keine beherrschende Rolle spielte. Zwar wurden schon in den 20iger Jahren besonders von den Deutschnationalen judenfeindliche Bemerkungen gemacht, aber sogar in der Zeit von 1938 bis 1945 nahm die Bevölkerung Scharnsteins antisemitische Beschimpfungen einzelner Nazifunktionäre eher reserviert auf. 37) Vielleicht lag das auch daran, daß in Scharnstein die aus Wien stammende Jüdin Klara Michaela Trawöger wohnte, die im Ort sehr beliebt war. Die Frau überlebte das "Dritte Reich", ihr gesamter Besitz, ein kleiner Bauernhof, wurde konfisziert, doch hatte sie das große Glück, daß sie bis zur Befreiung nicht in ein Konzentrationslager eingeliefert wurde.38) Schlechter erging es einem Grünauer Kommunisten, den die Gestapo wegen hitlerfeindlichen Äußerungen verhaftete. Er starb im KZ. 39)

Ein neuer Anfang?

Scharnstein blieb bis zur Zerschlagung des Hitlerregimes von Bombenangriffen verschont, deshalb konnte in der Firma Redtenbacher die Produktion sofort nach Kriegsende weitergeführt werden. Ausser Sensen und Sicheln wurden einige Jahre lang auch Schaufeln und Gartengeräte erzeugt.

Bei den ersten Betriebsratswahlen nach 1945 erzielten die Sozialisten einen überragenden Erfolg, für die ÖAAB-Fraktion verliefen die Wahlen enttäuschend. Erst nach der Zulassung des VDU [Verband der Unabhängigen - ein Vorläufer der FPÖ, T.R.] konnte diese Gruppierung der SPÖ ein Betriebsratsmandat abnehmen. [40]

Die ersten Gemeinderatswahlen nach dem Zweiten Weltkrieg ergaben eine Pattstellung an Mandaten: je 12 für die SPÖ und 12 für die ÖVP. Der Fraktionsführer der Volkspartei, Dr. Ganglbauer, bewies demokratische Stärke. Er setzte sich für den sozialistischen Bürgermeisterkandidaten Felix Klaushofer ein, weil die SPÖ, verglichen mit der letzten Gemeinderatswahl 1931, die meisten Stimmen dazugewonnen hatte. [41]

Michael Hartleitner war nach 1945 30 Jahre lang Gemeinderat und Betriebsrat im Sensenwerk, er vergleicht die politische Situation vor und nach dem Zweiten Weltkrieg:

"Nach dem Krieg ist es besser geworden, es gab keine persönlichen Gehässigkeiten mehr zwischen den politischen Gegnern. Auch das Verhältnis zur Kirche ist jetzt problemlos. Viele Sozialisten gehen in den Gottesdienst.

Aber die Leute sind Egoisten geworden, die Gemeinschaft von früher gibt es nicht mehr. Eines wird man nie ändern: die Dummen sind immer die Kleinen und die Großen richten es sich." [42]

Quellen

1. Konrad, Helmut: Die Entwicklung der Arbeiterklasse in Oberösterreich. Wien 1981. S. 269.
2. Arbeiterverzeichnis der Fa. Redtenbacher 1875-1909: Noch 1902 wurden vier Sensenarbeiter wegen Agitation für die Sozialdemokraten entlassen.
3. Interview mit Michael Hartleitner. Scharnstein 2.10.1988.
4. Hartleitner.
5. Hartleitner.
6. Bericht 1931 der Sozialdemokratischen Partei in Oberösterreich. Linz 1932. S. 41.
7. Hartleitner.
8. Bericht der SPOÖ, a.a.O. S. 54.
9. Hartleitner.
10. Hartleitner.
11. Hartleitner.
12. Interview mit Max Auinger. Grünau, 1.10. 1988.
13. Hartleitner.
14. Interview mit Max Geyer. Scharnstein, 14.8.1987.
15. Hartleitner.
16. Hartleitner.
17. Hartleitner.
18. Auinger.
19. Hartleitner.
20. Hartleitner.
21. Interview mit Prok. Alois Riedler. Scharnstein 1987.
22. Auinger.
23. Auinger.
24. Auinger; Gendarmeriechronik Scharnstein.
25. Auinger; Gespräch von Andreas Resch mit Max Windschek am 18.4.1989.
26. Hartleitner.
27. Hartleitner.
28. Auinger.
29. Hartleitner.
30. Hartleitner.
31. Hartleitner.
32. Hartleitner.
33. Lagebericht des Gendarmeriepostens Scharnstein, Tgb.Nr. 34/42 ad. Scharnstein, 18.Juni 1942. Archiv Verein Widerstandsmuseum Ebensee.
34. Lagebericht des Gendarmeriepostens Scharnstein. Tgb.Nr. 34/42, 17. April 1942. Archiv Verein Widerstandsmuseum Ebensee.
35. Hartleitner.
36. Hartleitner.
37. Hartleitner.
38. Vgl. Lagebericht des Gendarmeriepostens Scharnstein. Tgb.Nr. 34/42, 17. April 1942. Archiv Verein Widerstandsmuseum Ebensee.
39. Auinger; Chronik des kk. Gendarmeriepostens Grünau. 1.5.1906, Eintragung vom 20. Juli 1942: Anzeige wegen Beleidigung von Partei und Staat.
40. Hartleitner.
41. Hartleitner.
42. Hartleitner.

Andreas Resch

Firmengeschichte 1938-1987

Mitte der 1930er Jahre stabilisierte sich die Scharnsteiner Sensenindustrie wieder auf einem Niveau von jährlich über 500.000 Stück verkaufter Sensen. Aus einer Aufstellung über die österreichische Sensenindustrie im Jahre 1938 geht hervor, daß im Jahr zuvor in Österreich 3,5 Mio. Sensen produziert wurden, von diesen aber nur 170.000 im Inland und 180.000 im Deutschen Reich verkauft, hingegen 3,150.000 in andere Länder exportiert wurden.[1]

Für die Sensenindustrie bedeutete der Anschluß an den deutschen Wirtschaftsraum nicht primär wie für andere Industriezweige ein vergrößertes Absatz- und Wirtschaftsgebiet, sondern die auf den Export nach Osteuropa und USA angewiesenen Sensenerzeuger mußten, da sie nun auch unter die Boykottmaßnahmen vieler Abnahmeländer gegen NS-Deutschland fielen, empfindliche Absatzeinbußen verzeichnen.

Hatte Redtenbacher im Schmiedejahr 1937/38 noch 544.852 Sensen erzeugt, mußte im Geschäftsjahr 1938/39 die Produktion um 11,3 Prozent auf 483.266 Stück zurückgenommen werden.[2]

Wie sehr die deutsche Wirtschaftsplanung auf den Beginn eines Krieges angelegt war, ersieht man aus der Tatsache, daß unter den Vorschlägen, ob und wie die Sensenindustrie saniert werden solle, im 1938 verfaßten Papier des nationalsozialistischen "Beauftragten des Produktivitäts- und Wirtschaftlichkeitszentrums" zu diesem Thema besonders hervorgehoben wird, daß die Sensenindustrie "als kriegswichtig anerkannte" Erntegeräte erzeuge.

Zur Bewältigung der Absatzkrise wurde unter anderem die Schaffung einer einheitlichen Ausfuhrorganisation vorgeschlagen.[3] So wurde auch die österreichische Sensenindustrie in die "Vereinigung Deutscher Sensenwerke" eingegliedert.[4]

Mit Beginn des Zweiten Weltkrieges mußten auch Scharnsteiner Sensenarbeiter in der deutschen Wehrmacht Militärdienst leisten.

Durch die Notwendigkeit der Versorgung des Agrarsektors in den "eroberten Ostgebieten" mit Erntegeräten erhöhte sich die Nachfrage nach Sensen wieder deutlich. Der Höhepunkt der Sensenerzeugung als "kriegswichtiges Erntegerät" wurde im als "Wehrwirtschaftsbetrieb" eingestuften Scharnsteiner Sensenwerk im Jahr 1942/43 mit 711.733 Sensen erreicht.[5]

Politische und ökonomische Rahmenbedingungen sowie Veränderungen der Firmenstruktur

Bereits zur Bewältigung der Krise am Sensensektor ab 1928 waren die Scharnsteiner Sensenfabrikanten eine enge Geschäftsverbindung mit der Sensenwerke Krenhof AG eingegangen (s.o.). Die Besitzer dieser Firma, die Gebrüder Berl, fielen nach dem "Anschluß" unter die Bestimmungen der antisemitischen nationalsozialistischen Rassengesetze. Ihre Firma und damit auch ihre 50-prozentigen Beteiligungen an den Sensenwerken "Heinrich Kieffer", St. Lorenzen, und "Carl Schröckenfux", Spital am Phyrn, wurden im Rahmen eines "Arisierungs"- Verfahrens von Redtenbacher übernommen. Redtenbacher schöpfte bei dieser Übernahme jedoch nicht die Möglichkeiten aus, die das nationalsozialistische Recht bot, jüdische Besitzer um ihr Vermögen zu bringen, so daß weiterhin ein gutes Einvernehmen zwischen den langjährigen Geschäftspartnern bestehen blieb.

Dr. Ing. Friedrich Maix schied aus der Leitung der Fa. Redtenbacher aus und übernahm die Geschäftsleitung der Krenhof AG; als Leiter von Redtenbacher folgte ihm Dipl.Ing. Fritz Blumauer nach. Das in Krenhof befindliche Sensenwerk wurde verkauft und die Produktion der Sensenmarken für Redtenbacher und Krenhof in Scharnstein konzentriert, was zu einer kostengünstigeren Auslastung der Fabriksanlagen führte.

Noch im Jahr 1938 wurde am Scharnsteiner Standort eine wesentliche Modernisierung vorgenommen: In der Zainerei im Viktoria-Werk wurden die alten wartungsaufwendigen Schwanzhämmer durch moderne Lufthämmer ersetzt.[6] Die Verlegung der Sensenproduktion von Krenhof nach Scharnstein brachte eine letzte Zuwanderungswelle von Sensenschmieden in den Almtal-Ort mit sich.

Am 27. April 1951, sechs Jahre nach Ende der NS-Herrschaft, wurde die Krenhof AG nach der "Rückstellung" an die ursprünglichen Besitzer neu in das Handelsregister eingetragen. Das, aufgrund des korrekten Verhaltens der Vertreter von Redtenbacher bei der "Arisierung", ungetrübte Verhältnis zwischen Berl und Redtenbacher manifestierte sich in der Tatsache, daß Friedrich Maix und Friedrich Blumauer auch Vorstandsmitglieder des Aufsichtsrates der AG nach Neueintragung der Firma waren. Friedrich Maix blieb weiterhin mit der Geschäftsführung betraut.[7] Es wurden auch weiterhin im Scharnsteiner Werk nicht nur die Sensen für Redtenbacher sondern auch für die Krenhof AG erzeugt.

Unmittelbar nach dem Kriegsende konnten wegen des Rohstoffmangels kaum Sensen erzeugt werden. Es gelang aber, alle aus dem Krieg nach Scharnstein zurückkehrenden Mitarbeiter wieder in der Sensen- und Sichelerzeugung oder durch Ersatzfertigungen zu beschäftigen:

Für alle Arten von Schmiedeprodukten, wie Zimmermannsnägel, Maurerkellen, Schaufeln etc. bestand in der Zeit des Wiederaufbaus dringender

Bedarf. Das Geschäft war in diesen Jahren nicht durch mangelnde Nachfrage, sondern ausschließlich durch Rohstoffknappheit beeinträchtigt.
Im Geschäftsjahr 1945/46 war mit nur 255.678 erzeugten Sensen ein Produktionstiefststand zu verzeichnen, der dann erst im Jahr 1981 mit einer Produktionsmenge von nur 254.905 Stück unterschritten werden sollte. [8]

Stabilisierung bis in die 1950er Jahre und darauffolgende unabwendbare Schrumpfung des Sensengeschäftes

Zur Bewältigung der Nachkriegssituation fand am 16. Jänner 1946 in Admont unter Anwesenheit von Vertretern beinahe aller damals noch bestehenden Sensen- und Sichelwerke die Neukonstituierung des "Verbandes der österreichischen Sensen- und Sichelwerke" statt. Dr. Ing. Fritz Maix wurde einstimmig zum Vorsitzenden des Verbandes gewählt. [9]
Auch die Kartellvereinbarungen der österreichischen Sensenproduzenten aus dem Jahre 1935 wurde wieder in Kraft gesetzt.
Die Sensenerzeuger waren in zwei Gruppen unterteilt: die "RB-Gruppe" mit "S. Redtenbacher seel. Witwe & Söhne" + Sensenwerke Krenhof AG (Berl) + C. Schröckenfux und die "US-Gruppe" mit der Bayerischen und Tiroler Sensen-Union AG und der "Styria" Steiermärkische Sensenwerks AG.
Diese beiden Gruppen vereinbarten untereinander, sich wie bereits vor dem Zweiten Weltkrieg den Sensenmarkt zu je 50-Prozent zu teilen. [10]
Bereits im Jahre 1947 wurde mit 1,8 Mio. exportierten Sensen das größte Verkaufsvolumen während der Zweiten Republik erreicht. In den 50er Jahren pendelte sich der österreichweite Gesamtexport bei etwa 1 Mio. Stück pro Jahr ein, in den 60er Jahren konnten von der österreichischen Sensenindustrie nur noch ca. 0,6 - 0,8 Mio. Sensen pro Jahr ausgeführt werden. 1975 produzierten schließlich nur noch sechs Sensenwerke in Österreich. [11]

Eine Reihe von Faktoren waren für diesen Rückgang des Sensengeschäftes verantwortlich:

* Durch zunehmende Mechanisierung der Landwirtschaft sank generell die Nachfrage nach Sensen als Mähwerkzeug.
* Das von Redtenbacher und der Krenhof AG vor dem Zweiten Weltkrieg reaktivierte Sensenwerk St. Lorenzen entwickelte sich ab Mitte der 50er Jahre, nun in jugoslawischem Staatsbesitz, zu einem bedeutenden Konkurrenten der österreichischen Sensenanbieter.
* Neuinbetriebnahmen von Sensenwerken (außer in Jugoslawien etwa auch in der Türkei und in Brasilien) wurden durch protektionistische Maßnahmen der jeweiligen nationalen Wirtschaftspolitik zum Nachteil der auf den Export angewiesenen österreichischen Sensenindustrie unterstützt. [12]

Der Verband der österreichischen Sensenerzeuger versuchte die Anpassung der Produktionskapazitäten durch Stillegungsprämien und Umstellungs-Beihilfen an Verbandsmitglieder zu unterstützen, welche die in der Sensenerzeugung verbleibenden Werke durch Umlagen aufbrachten. [13]

Die Firmen Redtenbacher und Krenhof AG beschlossen 1961 das gemeinsame Sensenwerk C. Schröckenfux in Spital am Pyhrn stillzulegen. Das hatte jedoch zur Folge, daß sich die aufgrund der jeweiligen Produktionskapazitäten festgelegte Quotenaufteilung im Sensenkartell zu ungunsten der Redtenbacher-Krenhof-Gruppe auf 42 zu 58 Prozent veränderte. [14] Diesen Zustand trachtete schließlich in den 70er Jahren die Redtenbacher-Krenhof-Gruppe durch die Auflösung des Kartells wieder zu korrigieren. [15]

Weitere Modernisierungen der Scharnsteiner Firma Redtenbacher und Aufbau eines neuen Produktionszweiges

Um am enger werdenden Sensenmarkt bestehen zu können, mußte der bedeutendste Betrieb der "RB-Gruppe", das Scharnsteiner Sensenwerk, auch nach dem Zweiten Weltkrieg laufend modernisiert werden. Die Errichtung der entsprechenden Baulichkeiten war bereits in den 20er Jahren im wesentlichen abgeschlossen worden, doch galt es, viele Details des Produktionsbereiches laufend dem aktuellen technischen Standard anzupassen.

Als Beispiele für Maßnahmen zur rationelleren Energienutzung und zur Erlangung größerer Unabhängigkeit von den Naturgegebenheiten, insbesondere dem Wasserstand des Almflusses, beim Betrieb seien etwa angeführt:

* **1950:** Ersetzung der alten Girardturbine im Werkskraftwerk durch eine neue Turbine mit größerem Wirkungsgrad.
* **1956:** Anschaffung eines Holzgasgenerators und MAN Holzgasmotors. Installation einer Zentralheizung im Hauptwerk und im Sichelwerk, für deren Betrieb die Abwärme von Dieselmotor und Holzgasmotor verwendet werden.
* **1958-1964:** Anschaffung von drei MAN-Dieselmotoren als kalorische Kraftreserve.
* **1980:** Modernisierung und Ausbau des Kraftwerkes Friedlmühle. Erhöhung der Kapazität des Oberwasserkanales von 6 auf 10 m^3/sek und Einbau einer neuen Kaplan-Turbine.

Auch die technischen Voraussetzungen für einzelne Produktionsschritte konnten, obwohl am Grundprinzip der handgeschmiedeten Sensen nichts geändert wurde, prinzipiell rationeller gestaltet werden:

* Verbesserungen an den Schmiedeöfen: 1951 wurden die alten, mit Holz und Kohle gefeuerten Öfen im gesamten Betrieb durch Kohlengasöfen ersetzt. 1965 wurde im gesamten Schmiedebetrieb von Kommunal-

öfen auf einzelgefeuerte Ölschmiedeöfen umgestellt.

* Ab den 1950er Jahren ging man auch daran, anstelle der alten Kraftverteilung durch Transmissionen zur Verwendung von dezentralen Elektromotoren überzugehen. Damit wurde eine große Gefahrenquelle für Betriebsunfälle ausgeschaltet, der Wirkungsgrad der Energienutzung erhöht und eine individuellere Regelung der Antriebskraft jeder Maschine ermöglicht. [16]

Hatte man schon unmittelbar nach dem Ende des Zweiten Weltkrieges der vielfältigen Nachfrage nach Schmiedeprodukten durch Fertigung auch anderer Erzeugnisse als Sensen und Sicheln zu entsprechen getrachtet (siehe oben), so gebot der ständig enger werdende Markt für die angestammten Produkte des Sensenwerkes immer dringender, sich nach einem neuen, zukunftsträchtigen ökonomischen Standbein umzusehen.

Als im Jahr 1970 die Nachricht eintraf, daß die bisherigen Hauptabnahmeländer für Sicheln, Mexico, Peru, Äthiopien und Marokko, mit der eigenen Erzeugung begannen, wodurch ein Absatzrückgang von 90 Prozent zu erwarten war, entschloß sich das Firmenmanagement, die Sichelerzeugung ein- und dafür auf eine neue Produktion umzustellen.

Die Maschinen für die Sichelerzeugung wurden nach Äthiopien verkauft, und der Erlös aus diesem Geschäft bildete die Kapitalbasis für den Einstieg in die Erzeugung von Präzisions-Metallteilen für die Brillenfertigung (Scharniere, Einlagen usw.). Bereits innerhalb eines Jahres gelang es, durch Umschulung der Mitarbeiter, statt anfänglich 40 nun 150 Arbeiterinnen und Arbeiter zu beschäftigen. Damit wurde Redtenbacher zu einem der bedeutendsten Erzeuger von Brillenscharnieren und -einlagen in Österreich, mit Exporten in alle europäischen Länder.[17] In den folgenden Jahren konnte das Produktionsvolumen und der Beschäftigungsstand noch erheblich ausgeweitet werden.

Am Sensensektor vermochte sich Redtenbacher weiterhin einen Jahresabsatz von ca. 250.000 bis 350.000 Sensen zu sichern. Allerdings konnte dieser Verkaufserfolg nur durch stets ungünstigere Verkaufsbedingungen erzielt werden, so daß diese traditionelle Sparte für die Firma an ökonomischer Bedeutung verlor. Daher entschloß man sich im Jahre 1987, die Möglichkeit eines Verkaufes der Markenrechte (mit dem Kundenkreis der jeweiligen Marken) an noch weiter bestehende Sensenwerke wahrzunehmen und sich verstärkt auf die zukunftsträchtigere Erzeugung zu konzentrieren. Dadurch verloren in der Sensenproduktion etwa 60 hochqualifizierte Personen ihren Arbeitsplatz.

Die Scharnsteiner Sensenindustrie war bereits in der Zeit vor dem Zweiten Weltkrieg Motor der Entwicklung der regionalen Infrastruktur in einer auf die Bedürfnisse von Industriebetrieben ausgerichteten Weise gewesen. Nach 1945 entwickelten sich hier auch weitere Unternehmen.

So war das Auslaufen der Senseindustrie wohl eine deutliche Zäsur für den Ort Scharnstein, dessen regionale Identität über Jahrhunderte von der Sensenerzeugung geprägt worden war, und vor allem auch für die letzten Scharnsteiner Sensenschmiede, die stets mit Engagement und handwerklichem Können ihre Arbeit getan hatten. Sozial und ökonomisch wurde dieser Einschnitt aber durch die Entwicklung des wirtschaftlichen Umfeldes in einem Maße aufgefangen, daß er nicht zu einer strukturellen Krise und langanhaltenden Arbeitslosigkeit im Ort führte. Ein großer Teil der Schmiede fand bald anderweitig (in anderen Bereichen der Fa. Redtenbacher oder in anderen Betrieben) Arbeit, bei der jedoch oft nicht mehr die spezifischen, in der Sensenerzeugung erworbenen Qualifizierungen umgesetzt werden konnten.

Seit der Einstellung der Sensenfertigung in Scharnstein werden in Oberösterreich nur noch in zwei Werken Sensen erzeugt, bei Sonnleithner in Laussa und bei Franz de Paul Schröckenfux (Styria) in Roßleithen.

Quellen

1. Österreichisches Staatsarchiv, Archiv der Republik, Bürckel, Nr. 94/2217/13, Beauftragter des Produktivitäts- und Wirtschaftlichkeitszentrums: Überblick über die derzeitige Lage der grossdeutschen Sensenindustrie. 12.10.1938. und Nr. 91/2217/2, Wirtschaftsgruppe Werkstoffverfeinerung und verwandte Eisenindustriezweige. Hagen (Westf.). Zweigbüro Wien: Bericht über die Lage der österreichischen Sensenindustrie. (Für die Übermittlung dieser Dokumente danke ich U.-A. Josef Moser).
2. Fritz Blumauer: Die österreichischen Sensen- und Sichelwerke und ihr Verband 1918-1974. In: Franz Schröckenfux, Geschichte der österreichischen Sensenwerke und deren Besitzer. Linz/Achern 1975, S. 631; Beilage zur unveröffentlichten Werkschronik: Sensen-Produktionsziffern (1928/29-1933/34 Verkaufsziffern).
3. Beauftragter des Produktivitäts- und Wirtschaftlichkeitszentrums, Überblick über die derzeitige Lage der großdeutschen Sensenindustrie.
4. Blumauer, Sensen- und Sichelwerke. S. 631.
5. Ebd; Sensen - Produktionsziffern (1928/29-1933/34 Verkaufsziffern).
6. Fritz Blumauer, Entwicklungsgeschichte der Firma "Simon Redtenbacher seel. Wwe. & Söhne" in Scharnstein. (Typoskript); Erich Maria Meixner: Wirtschaftsgeschichte des Landes Oberösterreich. Band II: Männer, Mächte, Betriebe. Von 1848 bis zur Gegenwart. Salzburg 1952, S. 626; Gespräch mit Alois Riedler, 29. 8. 1987.
7. Handelsregister Wels. Gesellschaftsregister 150, Sensenwerk Krenhof AG.
8. Sensen - Produktionsziffern (1928/29-1933/34 Verkaufsziffern).
9. Blumauer, Sensen- und Sichelwerke, S. 632.
10. Vertragliche Vereinbarung, Privatbesitz Dipl.Ing. Friedrich Blumauer.
11. Blumauer, Österr. Sensen- und Sichelwerke, S. 632.
12. Blumauer, Entwicklungsgeschichte.
13. Blumauer, Sensen- und Sichelwerke, S. 632.
14. Verhandlungsprotokoll, Privatbesitz Dipl.Ing. Friedrich Blumauer.
15. Gespräch mit Alois Riedler am 20.8.1987.
16. Hermann Exenberger, Technische Änderungen nach 1938 (Handschriftliche Aufstellung, 1989); Gespräch mit Franz Reittinger-Hubmer am 20.1.1989 und Gespräch mit Hermann Zemsauer am 2.2.1989.
17. "Nachtrag 1975" zu: Der Sensenhammer am Niederwörth (auch "Am Moos" genannt). In: Schröckenfux, Sensenwerke.1975, S. 196f.; Johannes Pfaffenhuemer, Historisch-betriebswirtschaftliche Analyse der Existenzkrise der oberösterreichischen Sensenindustrie zwischen 1919 und 1938. (Dissertation) Linz 1984, S. 142.

Klaus Hirtner

Die Sense im Korn
Auf der Suche nach einer verlorenen Kulturgeschichte

Gewiß nicht überfordert wird unser heutiges Denkvermögen durch die Tatsache, daß in Ländern der sogenannten Dritten Welt der "Steyr"-Traktor als Österreichs Visitenkarte schlechthin gilt.
In manchen orientalischen Ländern allerdings kann es schon passieren, daß sich die Runzeln der Unverständlichkeit in der Stirn des technikgewöhnten Zeitgenossen furchen. "Austria!, er nennt seine Herkunft, löst reges Interesse damit aus, erhält aber, sofern er die fremde Sprache beherrscht, eine völlig unerwartete Antwort: Sense!"
Unergründlich nur für den Laien. Und den erkannte ein Sensenschmied noch allemal mit Leichtigkeit. Wer eine Sense frontal — die Spitze links, die Hamme rechts, das ins Sensenblatt gepreßte Fabriksetikett im Auge — betrachtet, wird nichts, aber auch gar nichts über ihre Qualität erfahren. Ähnlich einem Jäger, der den Lauf eines Gewehres überprüft, visiert hingegen der Kennerblick des Schmiedes die Sense ihrer Länge nach. Nur so nämlich erhält er Aufschluß über ihre Stellung, einen ersten Hinweis auf ihre Güte. Beim Laien jedoch tut sich erneut Rätselhaftes auf; was um alles in der Welt ist da zu sehen?
Eine Frage, die auf der Hand liegt. Denn was heutzutage ist schon eine Sense! Nicht mehr als ein unverzichtbares Requisit für Heimatfilme? Dient sie nicht bereits seit langem bloß noch dazu, Wohn-, Terrassen- und Balkonwände zu dekorieren, im Verein mit Dreschflegel und hölzerner Heugabel? Nun, nicht für jeden und nicht überall.
Scharnstein heißt jener Ort in Oberösterreich, wo man eines Besseren belehrt wird. Kein Wunder, schließlich befand sich hier bis vor kurzem ein in Relation zur eher bescheidenen Größe des viertausend Einwohner zählenden Ortes vergleichsweise riesiges Sensenwerk. Es genügt, die "Hofmühle", ein Gasthaus unweit der Fluten der Alm zu betreten; schon magnetisiert sie die Aufmerksamkeit: eine Sense im Sonntagsstaat, die über dem Stammtisch prangt. Von der Stubendecke an Ketten hängend, präsentiert sie eine Schmiedearbeit, die weniger an industrielle Fertigung denn an wertvolles Kunsthandwerk denken läßt. Eine Sense aber auch, die jeden Verdacht, reine Zierde, leblose Geschichte zu sein, beiseite räumt, wenn unter ihr, in der Stammtischrunde, die Sensenschmiede von einst mit anschwellenden Gemütern immer wieder darauf zu sprechen kommen — auf die Sense.
Es war ein schwerer Schlag, ein dumpfer Schlag. Ein Schlag, gebremst durch das glühende Stück Stahl, dessen zähe Beschaffenheit mit der gelbroten Hitze jene Weichheit erlangte, die zugleich Schmiedbarkeit bedeutete. Der Schlag des mächtigen Breithammers, der dieses Stück Stahl ein erstes Mal gefügig machte. Ein Schlag, dem die Rhythmen anderer, noch flinkerer Hämmer folgten, bis

nach vielen Handgriffen endlich das entstand, was man Sense nannte.

Das Sensenwerk bestimmte das Leben. Und früher, als vom Radiogong noch keine Spur war, geschweige denn von der Einblendung der Uhr vor den Fernsehnachrichten, fügten sich diese Hammerschläge zu einem dröhnenden Chronometer für Scharnstein und Umgebung. In den Küchen schepperten die Gläser, alles geriet ins Wackeln, wenn morgens der Lärm der Hämmer einsetzte. Doch man wußte Bescheid. Punkt sechs begannen die Sensenschmiede ihr Tagwerk, mit derart regelmäßiger Pünktlichkeit, daß stillstehende Uhren ohne Bedenken danach gestellt werden konnten.
Die Scharnsteiner Zeit war die Zeit der Hämmer, die auf diese Weise sämtliche vierundzwanzig Stunden des Tages bestimmten. Für den Arbeiter wie für den Bauern. Und was das schwarze Pech für die großen Hämmer im Werk, war der Morgentau für die Sense. Lag dieser auf der Wiese, fand man die unabdingbare Voraussetzung fürs Mähen. Denn die Sense braucht Nässe, um ihr Bestes geben zu können, um gut durchzugleiten. In aller Herrgottsfrüh also stiegen die Bauern der umliegenden Höhen hinaus ins Freie, das Futtergras einzuholen. Mit dem ersten Hammerschlag wußten sie aber: Es ist sechs, Zeit, um zum Vieh in den Stall zu gehen.
Für nicht wenige Bauern bedeuteten die Schläge der Hämmer noch mehr — meteorologische Botschaft. Oft war es gar nicht erst nötig, das Wetter unter freiem Himmel zu studieren, um seine künftige Entwicklung abzusehen. Denn kaum Zweifel blieben offen, wenn der Westwind das Hammergrollen kilometerweit ins Gebiet östlich von Scharnstein hineintrug. Der Bauer konnte sich darauf verlassen, Schlechtwetter stand ins Haus.

Ohne es zu beabsichtigen, befanden sich Arbeiter und Bauern, diese klassischen Polaritäten im politischen Gefüge, in Kooperation. Die Sensenhersteller mit den Sensenverbrauchern. Und es mag eines der besonderen Geheimnisse der Sense darauf beruhen, daß sie sowohl industriell gefertigt wurde, aber nie die maschinelle Abstraktion eines Traktors oder einer Mähmaschine in sich trug. Die Geschicklichkeit ihrer Hände benützend, formten die Schmiede ihre Sensen; die Geschicklichkeit ihrer Hände benützend, führten die Schnitter dieses Werkzeug, um den Boden urbar zu halten oder zu machen. Gar nicht so vermessen also, die Sense als missing link zwischen Natur und Industrie zu bezeichnen.
Eine Sense — ein Jahr, lautete die einfache Formel. Der Bauer und seine Schnitter, mit einer einzigen Sense pro Jahr fand jeder sein Auslangen. Und wenngleich die Sense heute bloß in unwegsamem Gelände gebraucht wird, der Verschleiß durch Einmähen in Draht oder Abreißen des Sensenblattes kaum noch der Rede wert ist, hört man bei den Bauern, "die Schmied, die gehn uns ab."
Für Sensenschmiede, die nicht zur "geweihten", sprich: nach den alten Regeln der Sensenschmiedzunft freigesprochenen und einkommensstarken Klasse zählten wie etwa die Eßmeister, war es üb-

lich, die Bauern aufzusuchen. Funktionsuntüchtige Sensen, die auf Erneuerung durch den Schmied warteten, gab es bei jedem. Bepackt mit vom Werk gekauften und anschließend hergerichteten Ausschußsensen unternahmen sie nicht selten ausgedehnte Radtouren, um ein kleines Zubrot zu verdienen. Dieses darf übrigens in engstem, lebensmittelbezogenem Sinn verstanden werden. Denn meist erhielt der Schmied als Gegenleistung für seine Arbeit, was ein hungriger Magen eben so begehrt.

Die Ungeduld, mit der der Sensenschmied erwartet wurde, hatte freilich einen ganz anderen Grund, der mehr mit Vergnügen als mit Arbeit zu tun hatte. Man wartete auf Scharnsteiner Neuigkeiten. Ein Bauer, der seinen Hof in etwas entlegeneren Höhen hatte, kam oft nur einmal die Woche ins Tal, zur Sonntagsmesse. Nun war Scharnstein zwar kein Ort der Kirche, dafür Ort der weit spannenderen unchristlichen Ereignisse, ob´s nun die Gendarmerie betraf oder die Wirtshäuser.

Der "Sengstschmied", kein anderer hätte sich als Berichterstatter besser geeignet! Selbst größere Unwahrheiten waren da willkommen, zumal zum Gaudium der aufmerksamen Zuhörer diese vom nächsten Sensenschmied, der mit Neuigkeiten und Sensen auftauchte, als solche entlarvt wurden. Obwohl ihre Weltanschauungen nie unter einen Hut zu bringen waren, tat das nichts zur Sache, zumindest dieser. Sie wußten, was sie aneinander hatten. Schon in der Schule. So undenkbar es noch vor geraumer Zeit für das Kind einer Arbeiterfamilie war, etwas anderes als Marmelade- oder Schmalzbrot mitzubekommen, so sehr sehnten sich die Sprößlinge der Bauern nach etwas anderem als Speck- und Wurstbroten. Jausentausch war angesagt.

In die Haut des anderen aber hätte wohl nur ein Bauernkind schlüpfen mögen. Vor allem in den Ferien, für das Bauernkind gleichbedeutend mit Heumahd, mit Kinderarbeit, für das Kind eines Sensenschmiedes jedoch mit Schwimmen in der kalten Alm.

Die Werkskanäle, die das Sensenwerk umspannten, als Zeitvertreib und, so nebenbei, als Vorbereitung auf künftiges Berufsleben. Bereits mit zehn war vielen klar, was sie einmal werden, wo sie einmal arbeiten würden. Im werkseigenen Netz von Schienen ließen sie sich gerne fangen, fühlten ein zweites Zuhause. Die Rollwagen, mit denen diverses Material verschoben wurde, boten prächtige Möglichkeiten für unerlaubte Gratisfahrten. Den Vätern und Müttern, deren Arbeitsplätze sie auf diese Weise kennenlernten, war das nicht unrecht. Besonders in den unterentwickelten Zeiten der Sozialleistung. Die Wohnungen waren Bestandteil des Lohnes, womit die Werksleitung über einiges Druckmittel verfügte, um im Ernstfall ihre Arbeiter zu zügeln; diese Wohnungen waren eng.

Je früher das Kind im Werk Beschäftigung fand, umso früher konnte es die Schlafgelegenheit im Ledigenheim, im "Burschenzimmer" nützen. Daheim essen, auswärts schlafen. Von einer Enge in die nächste. Dort lagen sie dann, ein Massenlager von oft zwanzig, dreißig Personen, nebeneinander auf Strohsäcken. Im Winter, wenn sich die Landwirtschaft unter Schnee und Eis vergrub, gesellten sich mehr oder weniger arbeitslose Knechte hinzu. Mit der kleinen Waschschüssel nahmen es viele nicht ganz so ernst, gingen, wie der Volksmund sagt, mit dem Dreck ins Bett. Was letztlich auch daran lag, daß bis vor einem halben Jahrhundert etwa die Woche aus zweiundfünfzig harten und erschlaffenden Arbeitsstunden bestand.

Knapper Wohnraum war gang und gäbe. Das Zusammenrücken an den Wirtshaustischen hatte da seine Vorzüge. Man kam von der Arbeit, froh, das Tagwerk hinter sich gebracht zu haben, und redete — wieder nur von der Arbeit. Mit der Freud an der Halben Most wurde das Leid des Arbeiterdaseins aufgewogen, und die Hitze in der Gaststube war nun mal angenehmer als die Hitze am Arbeitsplatz. Und wen wundert es, daß sich nach einigen Krügen der Unmut ausgerechnet an den Eßmeistern ausließ; seit jeher waren die besser qualifizierten Sensenschmiede etwas scheel beäugt worden. Nicht ihres hohen Könnens wegens — immerhin hatte ein Eßmeister das Handwerk von der Pike auf lernen müssen! Es war der enorme Einkommensunterschied, dazu, bis in die Dreißiger, das Privileg, gratis Brennholz vom Werk zu erhalten, während der einfache Arbeiter rauf in den Wald mußte, um es in der kargen Freizeit eigenhändig herunterzuholen. Standesdünkel, zu denen sich ein Eßmeister oft mit stolzer Brust bekannte, taten ein übriges. Und das war mit Argumenten der Zunftstradition aus der Sicht der Arbeiter kaum zu rechtfertigen.

Im Gegenteil, handfeste Interessen schienen dahinter zu stecken, die ergiebigen Sensenpfründen so gut wie möglich abzusichern.

Alte, eingefleischte Schmiedemeister, denen aufgetragen war, junge Leute heranzubilden, setzten manchmal alles daran, ihr Können nicht preisgeben zu müssen, das Geheimnis der Sense zu wahren, und schriftliche Aufzeichnungen über den Werdegang einer Sense wurden ohnehin nicht geführt.

Es war kein edles Motiv, vielmehr finanzielle Überlegung, die zum Wahren des Produktionsgeheimnisses anleitete. Denn wo Facharbeitermangel herrscht, ist es allemal leichter, die Entlohnung noch saftiger ausfallen zu lassen.

Ein Schmied ohne Hut war undenkbar. Trugen die Eß- und Hammermeister zu festlichen Anlässen ihre Zunftzylinder mit Goldborte, trug auch der einfachste Schmied privat seinen Steirerhut. Und für die Wirtsleut war die allgemeine Lage in ihren Territorien unschwer abzulesen an der besonderen Schräglage der Hüte. Je mehr Most die Schmiede intus hatten, umso schiefer rutschten sie à la Chicago, umso leichter wurde die Zunge. Doch Vorsicht war geboten, einem Eßmeister, der zufällig beim selben Wirten saß, zu sehr die Meinung zu sagen. Der nämlich hatte viel mitzureden in Personalfragen, auch wenn es ans Entlassen ging.

Die Hüte. Das Tragen der Hüte verriet einiges, auch das Nichttragen. Keinem echten Sensenschmied wäre es eingefallen, zur Arbeit einen Hut aufzusetzen. Wer es dennoch tat, gab sich als "Bauernschmied" zu erkennen, einer, der vielleicht nur vorübergehend, um die Winterzeit zu überbrücken, ins Werk ging. Damals, als Gehörschutz heutiger Art noch Erfindung der Nachwelt war, und man sich mit kleinen Stoffetzchen die Ohren verstoppelte, stauten sich unter der Hutkrempe die Dezibele des Hammerlärms, und so trug man als echter Sensenschmied matrosenähnliche Kappen, die etwas geräuschschlüpfriger waren. Das unabwendbare Los, "hammerderrisch", schwerhörig, zu werden, wurde dadurch ein wenig hinausgezögert.

Dennoch, die Kluft zwischen schlecht und gut verdienenden Sensenschmieden offenbarte sich auch am Arbeitsplatz. Selbst hier änderte sich mit steigender Qualität die Garderobe. Mit Krawatte im Werk zu erscheinen, sollte nicht so sehr den Arbeitehrt-Gedanken versinnbildlichen, sondern vermitteln: ich bin was Besseres. Kleider machen Leute. Wahrscheinlich dachte auch derjenige so, dem bei einem Raufhändel in der Werkskantine der "Schamper" über den Kopf gezogen worden war. Welch Gelächter, als kein Hemd zum Vorschein kam, sondern nur der steife Kragen und Manschetten an den Handgelenken. Standesunterschiede, die durch den Almfluß allerdings verwischt wurden, genauer: durch das, was sich in ihm tummelte.

Ganz anders als an höher liegenden Sensenwerken, wo die reißende Kraft des Baches die Gewalt der wasserbetriebenen Hämmer bereits ahnen ließ, machte die Alm stets einen sehr sanften Eindruck.

Wehranlagen prägten das Bild, aufgestautes Wasser, hineingepfercht in angelegte Werkskanäle, um die Wasserräder anzutreiben. Und auf die gaben die Sensenschmiede ziemlich ungewöhnlich acht.
Besonders damals, als die Abwässer der Molkerei und des Fleischhauers noch direkt in die Alm flossen. Vom Schlachtblut rotstichiges, von Fettbrocken glänzendes Wasser — Fischfutter vom Feinsten. Sie standen wie die Schweine. "Die Fisch´ fressen uns d´Wasserradl weg!" lautete die schlimme Befürchtung. Kein Sensenschmied, ob Eßmeister oder einfacher Arbeiter, der sich kraft dieser umwerfenden Logik nicht berechtigt gefühlt hätte, schwarz zu fischen.

Heute ist die Alm der sauberste Fluß weit und breit. Die Wasseramsel, ein Vogel, der sich ausschließlich an reinem Gewässer aufhält, ist diesbezüglich eines der verläßlichsten Kontrollmittel. Und es mag zum Wesen der Sense gehören, daß ihre Herstellung aggressive Industrieabwässer erst gar nicht entstehen ließ. Schwierigkeiten machte die Alm ganz anderer Art. An Hochwasser und Überflutung der Betriebsgebäude war man ja gewöhnt, inklusive unter Wasser gesetzter Wohnhäuser. Niedriger Wasserstand aber vermochte die Alm in einen sehr unfriedlichen Schauplatz zu verwandeln. Die Holzknechte, die vom flußaufwärts gelegenen Grünau die Baumstämme heruntertreiben wollten, und die Schmiede an den Hämmern, beide standen vor dem Problem der Wasserknappheit. Die einen verlangten das Öffnen der Wehranlage, um ihre Flöße weiterzubrin-

gen, die anderen hätten den zu den Breithämmern führenden Kanal dafür schließen müssen. Das Wasser war zweigeteilt, wie die Interessen der beiden Parteien. Wilde Streitereien, die da entbrannten. Holzknechte gegen Schmiede, langstielige Hacken gegen glühenden Sensenstahl.
Dazu die sprachliche Demütigung des Gegners. "Pitscheler!" rief der Holzknecht den Schmied, weil dieser wie üblich eine kleine Kanne, sein "Pitscherl" mit zur Pause ins Werk nahm, um an der Glut Kaffee oder die Suppe zu wärmen. "Krämpentreter!" würdigte seinerseits der Schmied den Holzknecht herab und meinte damit, daß jener nie was anderes kennengelernt habe, als am Boden liegende Äste, "Krämpen" eben, kleinzutreten.
Eine Geschichte, die schon lange, sehr lange her ist. Wer aber heute, Generationen später, einem Fußballmatch Scharnstein gegen Grünau beiwohnt, bekommt sie noch zu Ohren, diese eigenartigen Schimpfwörter.
Die Sensenschmiede als kriegerisches Volk. Es muß nicht ausdrücklich hinzugefügt werden, daß diese Einschätzung nichts mit dem großen, vernichtenden Krieg gemein hatte. Ebensowenig, wie die Männer im Sensenwerk mit jenem Sensenmann, dessen knöcherne Arme ein todbringendes Werkzeug führen. Ein Todesbild, das für Pest und sonstige Seuchen stand, die binnen kürzester Zeit die Menschen zu Hunderten, zu Tausenden hinwegrafften. Der Streich einer Sense, der unzählige Halme in einem kappt; ausgeführt durch Schnitter Tod bedeutet er Massensterben.

Nicht nur die Schneide einer Sense ist scharf, auch die Schneide eines Dolches, eines Säbels. Im Ersten Weltkrieg mutierte die Scharnsteiner Sensentechnologie für Kriegszwecke. Und vielleicht lag es am Wesen der Sense, für und nicht gegen Menschen da zu sein, daß diese Waffen nichts taugten, bloß furchtbar schwer waren — zumindest nach Erzählung damals eingerückter Sensenschmiede.
Es war noch nie ein Vergnügen, über Kriege fremde Länder zu Gesicht zu bekommen. Ein Schmied hingegen konnte fremde Geografien durch die Sense kennenlernen, gefiltert durch ihre besondere Beschaffenheit. Denn jedes der Länder, die dem Scharnsteiner Sensenwerk einen Auftrag gaben, hatte seine ganz eigene Vorstellung von Sensen, gab ein Modell vor, das es nachzuschmieden galt. Die schwere, kurze, stabile Sense für Belgien ließ seinerzeit auf den Einsatz im Urwald der afrikanischen Kolonien schließen. Eines der sehr langen und schmalen Modelle auf den Iran; es darf nicht verblüffen, wenn sie dort an Sense denken, wenn sie "Austria" vernehmen.

I. Scharnstein vor der Industrialisierung der Sensenerzeugung

Bereits vor dem industriellen Ausbau des Scharnsteiner Sensenwerkes entwickelte sich eine vielfältige Wirtschaftsstruktur.

1 Karte von Scharnstein im Franziszeischen Kataster (1825).

I. Scharnstein vor der Industrialisierung der Sensenerzeugung

2
Auch nach der Industrialisierung der Sensenerzeugung blieb die Land- und Forstwirtschaft ein bedeutender Wirtschaftszweig für die Region. Bauernfamilie in Scharnstein. Aufn. um 1930.

3
Die Holzwirtschaft hat in der Region traditionell große Bedeutung. Holzknechte im Almtal. Aufn. um 1930.

II. Aufbau und Wandlungen des Sensenwerkes Redtenbacher

4
Präsentationstableau: Scharnsteiner Sensen und Sicheln. Die Qualitätsprodukte der Scharnsteiner Schmiede waren die Grundlage für Verkaufserfolge in aller Welt. Aufn. ca. 1920.

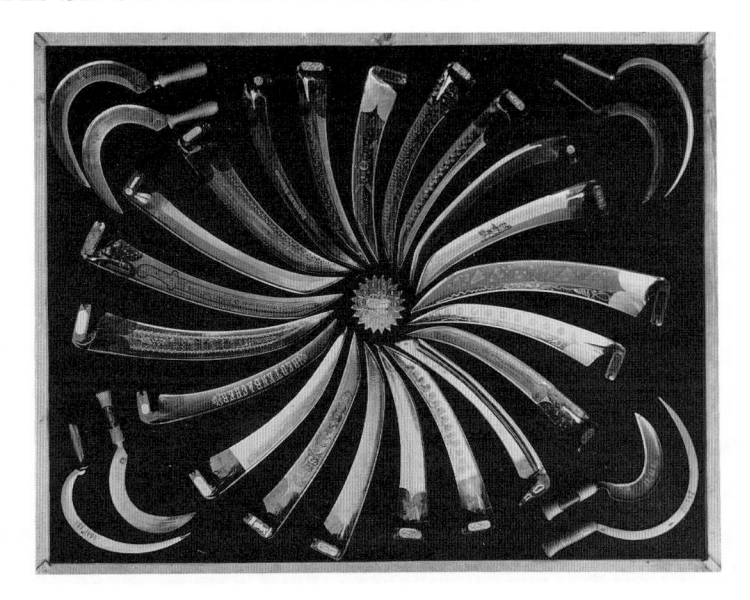

5
Eröffnung des Hauptwerkes 1890

II. Aufbau und Wandlungen des Sensenwerkes Redtenbacher

6
Ansicht Unterscharnstein. In der Mitte das Hauptwerk des Sensenwerkes und das Sichelwerk. Im Hintergrund der Gasthof Hofmühle, dahinter (verdeckt) der Geyerhammer. Aufn. ca. 1920.

II. Aufbau und Wandlungen des Sensenwerkes Redtenbacher

7
Voraussetzung für die Entwicklung zum Industriebetrieb dieser Größe waren neue Formen der Energiegewinnung und -nutzung. Firmeneigenes Elektrizitätswerk Friedlmühle, erbaut 1896. Aufn. um 1900.

II. Aufbau und Wandlungen des Sensenwerkes Redtenbacher

8
Während der Prosperitätsjahre der Scharnsteiner Sensenindustrie nach dem Ersten Weltkrieg 1919-1927 wurde in die weitere Modernisierung des Werkes investiert. Bau der Druckleitung zur neuen Turbinenanlage des Viktoriawerkes. Fertigstellung 1924.

III. Innerbetriebliche Organisation

1. Der Werdegang einer Sense (Tech. Beratung: Ing. Hermann Exenberger)

Der Werdegang einer Sense vom Stahl-"Bröckl" bis zum fertigen Mähwerkzeug gestaltet sich als äusserst komplexer Fertigungsprozeß, bei dem die Werkstücke über 20 Arbeitsschritte durchlaufen.
Bis zuletzt konnte die qualifizierte Arbeit der Sensenschmiede nicht durch automatische Maschinen ersetzt werden.

Das Können der Schmiede blieb entscheidend für die Qualität der erzeugten Sensen.
Allerdings konnten im Lauf der Zeit einige Produktionsabschnitte wesentlich rationalisiert werden. So wurde in den 70er Jahren durch Einführung effektiverer Tupfhämmer ein Arbeitsgang, das Blauhämmern, eingespart.
Die Erzeugungsschritte waren in drei Gebäude aufgeteilt: Im am weitesten flußabwärts gelegenen Viktoria-Werk wurden die Sensen-Zaine geschmiedet. Im Geyerwerk, im Ortszentrum von Unterscharnstein, wurden sie "gebreitet". Die weiteren Verarbeitungsschritte erfolgten im Hauptwerk, das zwischen diesen beiden Fabrikationsstätten lag.

9 Bestandteile einer Sense

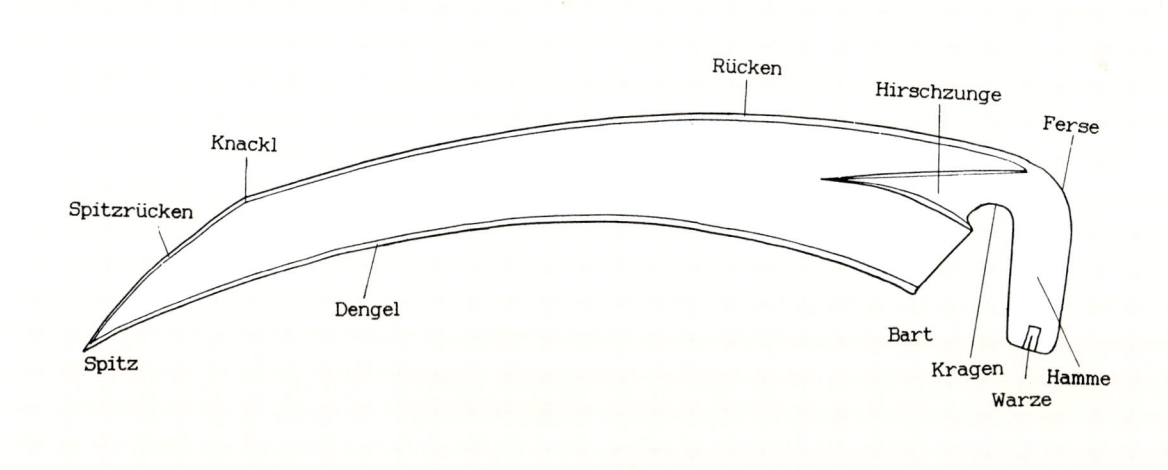

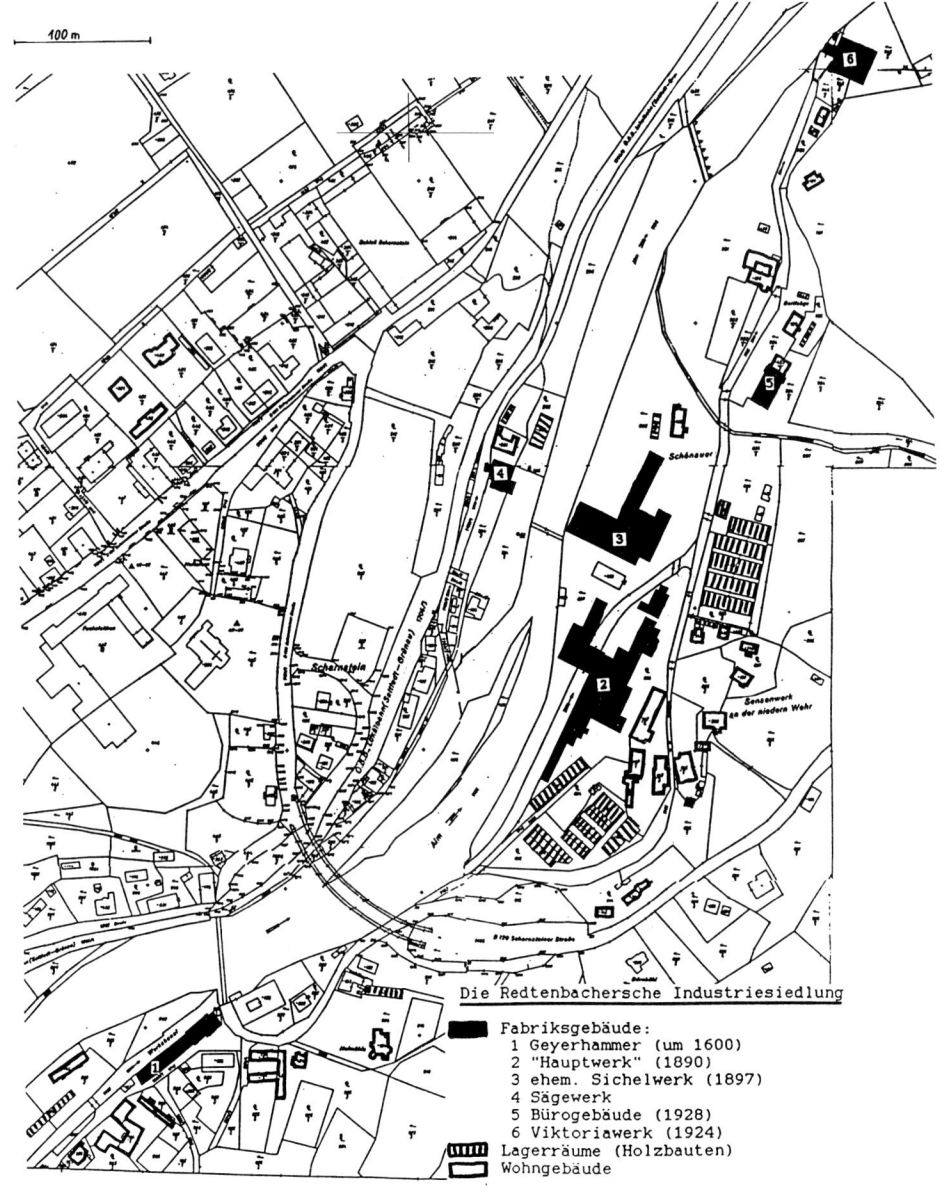

10
Situationsplan mit Geyerhammer, Hauptwerk, Viktoriahütte

Die einzelnen Arbeitsschritte

Im Viktoria-Werk:

1. Bröcklschneiden
Von vier Meter langen, rechteckigen Stahlstangen werden die Sensen-Bröckl, die Ausgangsstücke für die folgenden Schmiedeprozesse, kalt abgeschnitten. Die Stahlmenge wird je nach Sensenmodell genau abgewogen.

11 Bröckl schneiden

2. Erster Schmiedevorgang: das Zainen
Am glühenden Bröckl wird vom Hammerschmied eine Längsschmiedung vorgenommen. Wichtig ist die gleichmäßige Materialverteilung und die Einhaltung der Längenmaße.

12
Hammerschmied beim Zainen

13
Im Jahr 1938 wurden in der Zainerei die wartungsaufwendigen Holzhämmer durch Lufthämmer ersetzt. Aufn. 1907.

3. Hamme machen
Vom noch unbearbeiteten Ende des Zaines wird die Hamme ausgeschmiedet.

14 Hammacher

4. Warze machen
Die Warze wird am Ende der Hamme durch einen Faltvorgang hergestellt. Sie dient zur Arretierung des Wurfes (Sensenstieles) an der Sense.

15 Warzenmacher

5. Spitzstanzen
Der Zain wird an der Spitze auf die richtige Länge abgestanzt.

16
Spitzstanzen

Im Geyer-Werk:

6. Das Breiten
Die Zaine werden vom Eßmeister oder Breiter und seinem Helfer, dem Breitenheizer in vier Arbeitsgängen in Freiformschmiedung an einem Sensenblatt ausgeschmiedet.

6.1. Gleichen
Der glühende Zain wird vom Breitenheizer mit dem Formstangl in die gekrümmte Sensenform gebracht und dem Eßmeister auf die Zunderbank gelegt.
Der Eßmeister schmiedet die ganze Länge des Zaines auf eine bestimmte Breite aus (gleichen).

17 Breitenheizer mit Gleichzain

6.2. Langhitze
Der Gleichzain wird wieder rotglühend erhitzt, und der mittlere Teil wird auf die volle Breite ausgeschmiedet.

6.3. Spitzbreiten
Die Sensenspitze wird erhitzt und fertig geschmiedet.

6.4. Bartbreiten
Die Sense wird am anderen Ende, dem Bartteil, erhitzt, und die Breitenschmiedung wird auch in diesem Bereich fertiggestellt.

18 Eßmeister beim Breiten (hier: Spitzbreiten)

Im Hauptwerk:

7. Abrichten
Die ganze Sense wird erhitzt. Unter der Abrichtmaschine wird der Sensenrücken aufgestellt. Diese Tätigkeit wird von einer Arbeitsgruppe, bestehend aus dem Heizer, dem Abrichter und dem Faltenhammerer, durchgeführt.

8. Grauhämmern
Unter einem Kleinhammer wird der harte Zunder (Oxidationsschicht) von der Sensenoberfläche zertrümmert und abgeschlagen, der sonst beim Beschneiden die Formschere beschädigen würde.

19 Abrichten

19a Grauhämmern

9. Beschneiden
Unter der Freiformschere wird das Sensenblatt auf die genaue Breite beschnitten.

10. Märken
In die erhitzte Hamme wird das Hammerzeichen eingeprägt und die Hamme wird in der erforderlichen Stellung aufgestellt.

20 Beschneiden

21 Märken

11. Vergütung
Härten und Anlassen.
Im Härteofen wird die Sense auf 920° C gleichmässig erhitzt, im Ölbad auf 60° C abgeschreckt und im Anlaßofen auf 350° C erwärmt.

13. Tagwerk tupfen
Unter einem Federhammer wird mit runden Hammerschlägen das Sensenblatt vorgespannt.

22 Härten

23 Tupfen

12. Hereinziehen
Auf dem Richteramboß wird vom Hereinzieher der Sensenrücken und das Blatt in die Stellung gebracht, die beim darauffolgenden Tagwerkstupfen benötigt wird.

Kalt Hämmerei

24 Vor Einführung von Federhämmern für das Grau- und Blauhämmern, Tupfen und Dengeln wurden auch diese Arbeitsschritte mit Schwanzhämmern durchgeführt, die von der zentralen Turbinenanlage aus angetrieben wurden. Aufn. 1907.

14. Glänzen
Unter einer schnell laufenden Polierspindel wird mit Pappscheiben, auf die Schmirgel aufgeleimt ist, das Sensenblatt blankpoliert.

15. Dengeln
In drei aufeinanderfolgenden Dengel-Arbeitsgängen wird die Sensenschneide unter einem schnell laufenden Dengelhammer scharf gehämmert.

25 Glänzen

26 Dengeln

16. Dengel abschleifen
Nach jedem Dengelgang werden Unebenheiten auf der Sensenschneide mit einem Schmirgelstein abgeschliffen.

27 Dengel schleifen

28 "Reparieren"

17. Ziertupfen
Unter einem Federhammer werden runde Hammerschläge gleichmäßig über das Sensenblatt verteilt, die die nötige Spannung für den Gebrauch der Sensen erbringen und ein Muster auf dem Sensenblatt hinterlassen.

18. Reparieren
Auf dem Richteramboß und dem dazugehörigen Zurichtstock wird mit dem Handhammer an der Sense vom Reparierer die letzte Korrektur vorgenommen. Sensenrücken und Sensenblatt müssen die gewünschte Stellung erhalten.

29 Richterstube um 1900.

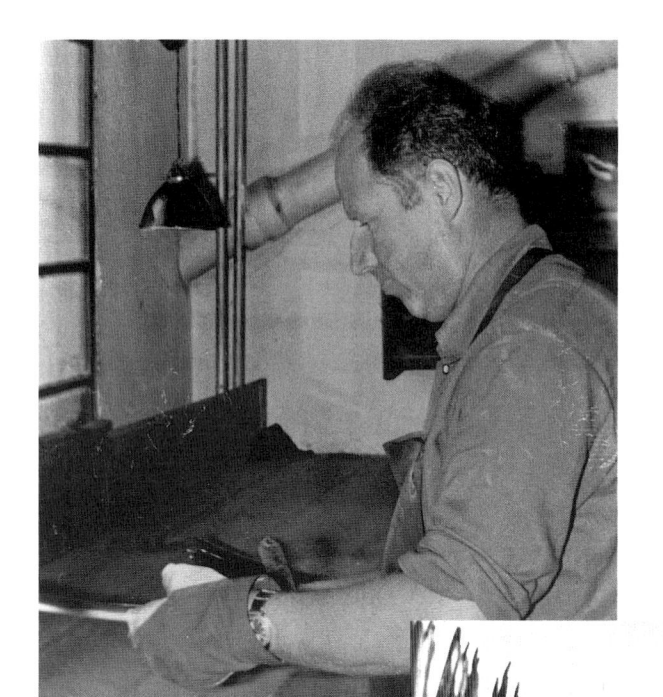

19. Sortieren
Alle Sensen werden vom Sortierer auf Mängel oder Fehler überprüft. Hier erfolgt die Trennung nach den verschiedenen Lackierungsausstattungen.

20. Ausstattung
Lackieren und etikettieren
Jede Sense wird im Tauchverfahren farblos rostschutzlackiert. Der Hammenteil wird je nach Bestellung verschiedenfarbig ausgeführt. Die verschiedenen Etiketten werden je nach Modell auf Sensenblatt und Bart geklebt.

30 Sortieren

31 Lackieren

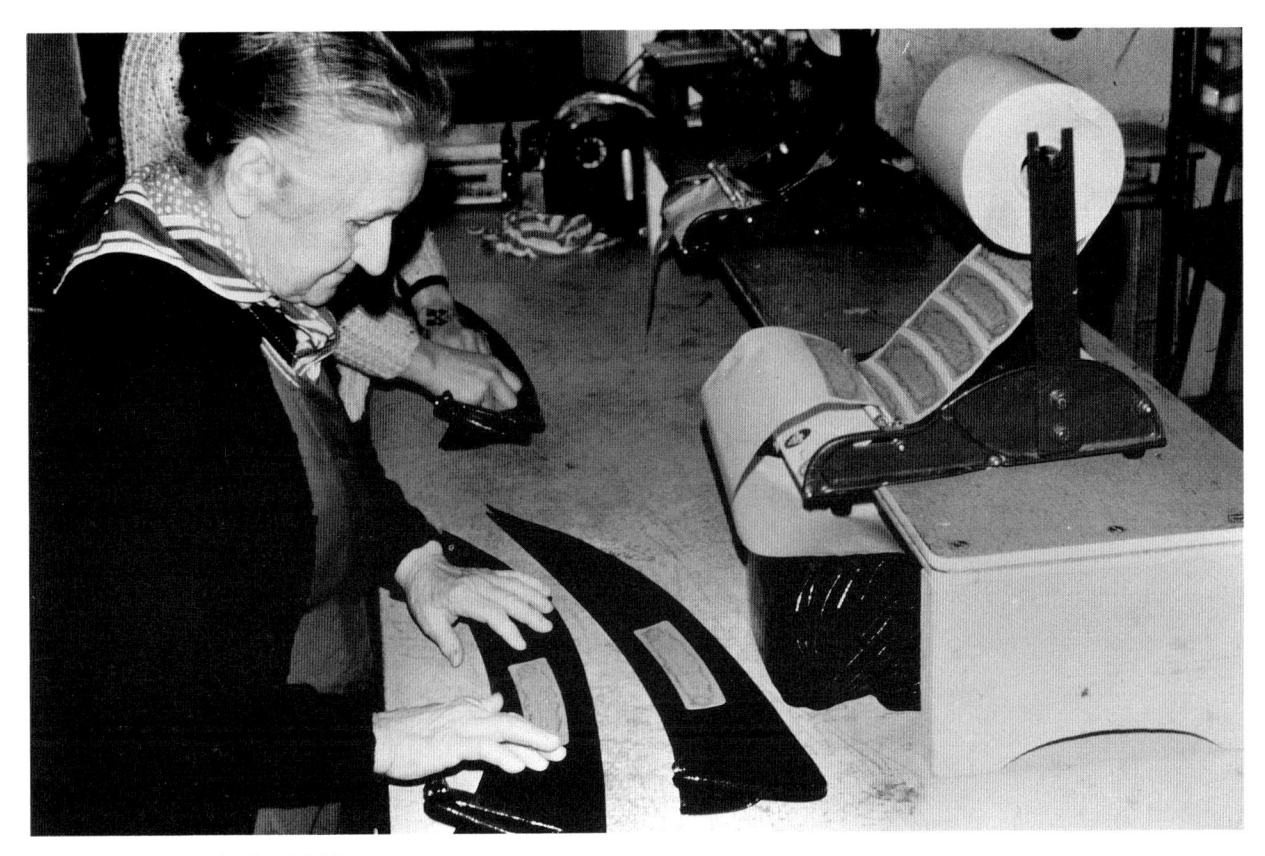

32 Etikettieren. Aufn. 1973.

21. Verpackung

Die Sensen werden meistens zu hundert Stück in seemäßige Kisten oder normale Schachteln verpackt und mit dem Versandstempel, entsprechend den Versandpapieren, versehen.

2. Innerbetriebliche Hierarchie

33 Betriebsleitung und Eßmeister. Aufn. um 1900.

34 Schleifer. Aufn. um 1900.

2. Innerbetriebliche Hierarchie

35 Jugendliche Arbeiter.
Aufn. um 1900.

36 Circa bis 1895 wurden Frauen laut Fabriksordnung nicht beschäftigt. Dann wurden sie hauptsächlich in der "Ausstattung" und Verpackung eingesetzt.
Aufn. um 1900.

2. Innerbetriebliche Hierarchie

37 1897 wurde das Sichelwerk eröffnet, das im Jahr 1903, als diese Aufnahme gemacht wurde, bereits 106 Arbeiter und Arbeiterinnen beschäftigte.

38 Aus der Arbeitswelt der Sichelschmiede.

3. Arbeitsbereiche abseits der Schmieden

39 Das Scharnsteiner Sensen- und Sichelwerk bestand nicht nur aus den Erzeugungsstätten für die Schmiedeprodukte. Holzarbeiter der Fa. Redtenbacher. Aufn. undatiert.

40 Bis zur gänzlichen Verdrängung der Holzkohle durch mineralische Kohle wurden auch firmeneigene Kohlenmeiler betrieben. Aufn. um 1900.

3. Arbeitsbereiche abseits der Schmieden

41 Herstellung von Hammerholmen in der firmeneigenen Zimmerei.
Aufn. um 1900.

42 Bis zum Ersten Weltkrieg wurden Sensen in Fässern versendet, später verpackte man sie in Holzkisten. Sowohl Fässer als auch Holzkisten wurden in der eigenen Tischlerei erzeugt.

IV Firmenexpansion und infrastrukturelle Entwicklung des Ortes

Um weiter expandieren zu können, mußten die Standortbedingungen für den Industriebetrieb verbessert werden.

43 Die Eröffnung der Almtalbahn im Jahr 1901 war eine wesentliche Voraussetzung für das weitere Wachstum der Scharnsteiner Sensenfabrik.

44 Im Jahr 1927 wurde die reparaturanfällige Holzbrücke über die Alm durch eine moderne Stahlbetonkonstruktion ersetzt.

IV Firmenexpansion und infrastrukturelle Entwicklung des Ortes

45 Blick auf Unterscharnstein. Aufn. ca. 1930.

46 Der Ausbau der Scharnsteiner Sensenindustrie hatte den Zuzug von Arbeitern aus allen Regionen der k.u..k. Monarchie zur Folge, die Wohnraum benötigten. Die Fa. Redtenbacher ließ alte Häuser adaptieren und neue errichten. Beispielsweise wurde 1910 das Haus des Bäckers Kröpfl gekauft und die Bäckerei verpachtet. Im Obergeschoß wurden Werkswohnungen eingerichtet.

IV. Firmenexpansion und infrastrukturelle Entwicklung des Ortes

47 Schraubenhaus. Dieses Gebäude wurde im gleichen Jahr wie das Sichelwerk (1897) fertiggestellt. Die Wohnungen wurden vor allem an Sichelschmiede vergeben.

48 Neubau. Im Jahr 1922 im Zuge der letzten großen Ausbauphase der Scharnsteiner Sensenindustrie errichtetes Wohngebäude.

V "Alltagsleben"

49 Firmeneigener "Werkskonsum". Aufn. um 1900.

Rund um die Arbeitsstätten entwickelte sich ein Umfeld, in dem die Schmiede ihre Arbeitskraft wiederherstellen konnten.

V "Alltagsleben"

50 Innenansicht des "Werkskonsums" um 1955.

V "Alltagsleben"

51 In Firmengebäuden wurden auch Kantinen betrieben. Frau Sanglhuber, Kantineurin im Bürogebäude.
Aufn. um 1965.

V "Alltagsleben"

52 Bei jedem firmeneigenen Häuserkomplex gab es auch eine Waschküche. Aufn. um 1900.

V "Alltagsleben"

53 Das Gasthaus Hofmühle, ein Zentrum des geselligen Lebens der Scharnsteiner Sensenschmiede. Aufn. ca. 1925.

54 Nach der Arbeit bei den glühendheißen Essen schmeckte das kühle Bier. Aufn. um 1900.

V "Alltagsleben"

55 Das größte Arbeiter-Wohnhaus war das Geyerhaus (ehemaliges Herrenhaus des Geyerhammers). 1910 waren hier in 21 Zimmer-Küche-Wohnungen 103 Personen untergebracht. Aufn. undatiert.

56 Die Kinder der im Geyerhaus eingemieteten Wohnparteien. Aufn. 1909.

V "Alltagsleben"

57 Holzhütte beim Geyerhaus, Aufn. 1921.
(Siehe Kapitel "Alltag und Frauenarbeit", S. 67).

58 Gedrängt lebten die Schmiede-Familien in Zimmer-Küche-Wohnungen. Hier: Aufnahme einer Wohnküche im "Schraubenhaus", 1928.

VI Soziales und kulturelles Leben.

59 Aus der Zunfttradition überkommene Trachten der Sensenschmiede und ihrer Ehefrauen. Aufn. um 1910.

60 Die Werksfeuerwehr der Fa. Redtenbacher. Aufn. ca. 1950.

VI Soziales und kulturelles Leben.

61 Faschingsfest der Werksmusik 1936.

62 Die Musikkapelle Scharnstein. Aufn. 1990.

VI Soziales und kulturelles Leben.

63 Nach langjährigen Bestrebungen konnte im Jahr 1932 die Erhebung von Scharnstein zur eigenen Ortschaft in der Gemeinde Viechtwang durchgesetzt werden. Photo des Festumzuges zur Ortserhebung.

64 1907 wurde in Scharnstein die Gesellschaft der Theater- und Musikfreunde gegründet, die alljährlich mit den Einnahmen aus ihren Theateraufführungen wohltätige Zwecke unterstützte. Aufn. 1931.

VI Soziales und kulturelles Leben.

65 Arbeiter-Gesangsverein Sensenklang. Aufn. 1930.

VI Soziales und kulturelles Leben.

66 Das Mandolinen- und Gitarrenorchester der Sozialistischen Arbeiterjugend Scharnstein. Aufn. ca. 1927.

67 Fahrt der Sozialistischen Arbeiterjugend Scharnstein in das Machtzentrum sozialdemokratischer Politik, ins "Rote Wien". Aufn. 1928.

VI Soziales und kulturelles Leben.

68 Gesellige Sportlichkeit: Eisstockpartie.
Aufn. 1911.

69 Bereits um die Jahrhundertwende betätigten sich im Almtal aktive Radfahrer.
Aufn. 1911.
(Ein Arbeiter-Radfahrverein wurde 1923 gegründet).

VI Soziales und kulturelles Leben.

70 Der "Arbeiter-Turn- und Sportbund" Scharnstein. Aufn. 1927.

71 Die Maiden der Scharnsteiner Arbeiter-Turner bei der Feier am 1. Mai 1925.

VI Soziales und kulturelles Leben.

72 Vertreter der bessergestellten Arbeiterkategorien und der "Werksbeamten" organisierten sich ihre sportlichen Aktivitäten häufig im Deutschen Turnerbund.
Aufn. ca. 1920.

73 Bereits in den 20er Jahren kamen Wintersportler mit der Eisenbahn ins Almtal. Naturfreundehütte Hochsalm.
Aufn. 1928.

VI Soziales und kulturelles Leben.

74 Erfrischende Abkühlung von der Sommerhitze: Freibad Viechtwang. Aufn. 1927.

VII Scharnstein und die "grosse Politik"

Nicht nur nahezu eigengesteuerte lokale Prozesse determinieren die Regionalentwicklung, auch die globalen Tendenzen und die Wechselwirkungen zwischen diesen beiden Ebenen beeinflussen die geschichtliche Entwicklung.

75 Erster Weltkrieg: Bereits im August 1914 wurden über 130 Scharnsteiner Sensen- und Sichelarbeiter zum Militär einberufen.

VII Scharnstein und die "große Politik"

76 Jugendordner der Sozialistischen Arbeiterjugend Scharnstein.
Sie wären im Februar 1934 bereit gewesen, den Widerstand der Sozialdemokraten gegen die Zerschlagung von Demokratie und Arbeiterbewegung mitzutragen.

VII Scharnstein und die "große Politik"

77 Besuch des Heimwehrführers Starhemberg in Scharnstein. Nov. 1933.

78 Heimwehrübung im Almtal. 15.4.1934.
Die Heimwehr war wesentlich an der Niederschlagung des Aufstandsversuches der österreichischen Sozialdemokratie gegen die Liquidierung der Demokratie als Staatsform im Februar 1934 beteiligt. Bei dem gescheiterten Putschversuch der Heimwehren im Jahr 1931 wurden vier Scharnsteiner Arbeiterführer als Geiseln genommen.

VII Scharnstein und die "große Politik"

79 Im Jahr 1939 stellte sich für alle heraus, daß der wirtschaftliche Aufschwung nach dem "Anschluß" an NS-Deutschland direkt zum Krieg geführt hatte. Rekruten aus Scharnstein und Grünau. Aufn. 1939.

80 Grußphoto der Fa. Redtenbacher an zum Kriegsdienst in die deutsche Wehrmacht eingezogene Arbeiter. Aufn. 1941.

VII Scharnstein und die "große Politik"

81 Nach 1945 konnten sich wieder demokratische Parteien und eine gewerkschaftliche Vertretung der Arbeiter etablieren. Betriebsrat der Fa. Redtenbacher. Aufn. 1953.

PHOTOVERZEICHNIS

I Scharnstein vor der Industrialisierung der Sensenerzeugung

1 Franziszeischer Kataster (1825), Gemeindearchiv Scharnstein.
2 IWK Linz/Hans Fröch
3 detto

II Aufbau und Wandlungen des Sensenwerkes Redtenbacher

4 Fa. Redtenbacher
5 Fa. Redtenbacher /Repro Franz Fessl
6 detto
7 detto
8 detto

III Innerbetriebliche Organisation
1 **Werdegang einer Sense**

9 Skizze: Andreas Resch
10 Katasterplan, Gemeinde Scharnstein, überarbeitet von Andreas Resch.
11 Photo Peter Deisenberger/Susanne Grafeneder, 1987

12 Privatbesitz Johann Huemer, Scharnstein
13 Fa. Redtenbacher
14 Deisenberger/Grafeneder
15 Privatbesitz Johann Huemer
16 Deisenberger/Grafeneder
17 detto
18 Privatbesitz Johann Huemer
19 Deisenberger/Grafeneder
19a Privatbesitz Johann Huemer
20 Deisenberger/Grafeneder
21 detto
22 detto
23 detto
24 Firma Redtenbacher
25 Deisenberger/Grafeneder
26 detto
27 detto
28 detto
29 Fa. Redtenbacher
30 Privatbesitz Johann Huemer
31 Deisenberger/Grafeneder
32 IWK Linz/Hans Fröch

2 **Innerbetriebliche Hierarchie**

33 Fa. Redtenbacher
34 detto
35 detto
36 detto
37 detto
38 detto

3　Arbeitsbereiche abseits der Schmieden

39　Fa. Redtenbacher, Repro Franz Fessl
40　Fa. Redtenbacher
41　detto
42　detto

IV　Firmenexpansion und infrastrukturelle Entwicklung des Ortes

43　Zur Verfügung gestellt von Christian Huemer
44　Archiv Kultur- und Heimatverein Scharnstein- Viechtwang - Projekt Sensenindustriemuseum
45　IWK Linz /Hans Fröch
46　Fa. Redtenbacher/Repro Franz Fessl
47　Aufnahme Andreas Resch, 1990
48　detto

V　"Alltagsleben"

49　Fa. Redtenbacher
50　IWK Linz/Hans Fröch
51　detto
52　Fa. Redtenbacher
53　IWK Linz/Hans Fröch
54　Fa. Redtenbacher
55　Archiv Kultur- und Heimatverein Scharnstein-Viechtwang - Projekt Sensenindustriemuseum
56　IWK Linz/Hans Fröch
57　detto
58　IWK Linz/Ludwig Mayrhofer

VI　Soziales und kulturelles Leben

59　Archiv Kultur- und Heimatverein Scharnstein-Viechtwang - Projekt Sensenindustriemuseum
60　IWK Linz/Hans Fröch
61　detto
62　detto
63　Archiv Kultur- und Heimatverein Scharnstein- Viechtwang - Projekt Sensenindustriemuseum
64　IWK Linz/Ludwig Mayrhofer
65　detto
66　detto
67　detto
68　IWK Linz/Hans Fröch
69　Archiv Kultur- und Heimatverein Scharnstein- Viechtwang - Projekt Sensenindustriemuseum
70　IWK Linz/Ludwig Mayrhofer
71　detto
72　Archiv Kultur- und Heimatverein Scharnstein- Viechtwang - Projekt Sensenindustriemuseum
73　IWK Linz/Ludwig Mayrhofer
74　detto

VII   Scharnstein und die "große Politik"

75   IWK Linz/Hans Fröch
76   IWK Linz/Ludwig Mayrhofer
77   Archiv Kultur- und Heimatverein Scharn-
     stein- Viechtwang - Projekt Sensenindustrie-
     museum
78   detto
79   IWK Linz/Ludwig Mayrhofer
80   detto
81   IWK Linz/Hans Fröch

Titelbild
SPÖ Scharnstein/Hans Fröch

Die AutorInnen

Andrea Pühringer
Geboren am 10.6.1962 in Wien. Historikerin am Industrieviertelmuseum Wiener Neustadt.

Andreas Resch
Geboren am 6.3.1962 in Gmunden. Historiker und Museologe.

Thomas Resch
Geboren am 6.5. 1958 in Kefermarkt. Geschichte- und Deutschlehrer in Eggelsberg.

Klaus Hirtner
Geboren 1958 in Steyr. Lebt als Schriftsteller, Journalist und Akustik-Gestalter in Wien.

Ursula Pleschko
Geboren am 5.3.1957 in Linz. Historikerin und Germanistin. Verfaßte ihre Diplomarbeit über die Sprache der Sensenschmiede. Arbeitet als AHS-Lehrerin in Wien.

Barbara Steinhäusler-Fessl
Geboren am 6.5.1963 in Kirchdorf an der Krems. Ethnologin. Arbeitsschwerpunkt: geschlechtliche Arbeitsteilung und Frauenfragen.

Josef Steinhäusler
Geboren am 27.9.1959 in Mühldorf, Gemeinde Scharnstein. Chemiker.